當子女說
你好煩
與青少年溝通的技法和心法
伍詠光、葉玉珮
U0931751

當子女說你好煩——與青少年溝通的技法和心法
作者／伍詠光、葉玉珮
策劃編輯／伍詠慈
美術設計／BallED
出版發行／突破出版社
香港沙田亞公角山路33號突破青年村
電話：2632 0000　傳真：2632 0388
電郵：breakthrough@breakthrough.org.hk
網址：http://www.breakthrough.org.hk
http://www.btproduct.com
承印／陽光（彩美）印刷有限公司
2016年7月初版1刷
2018年1月初版5刷
2021年1月2版1刷
2024年11月2版4刷

Communication for Parenting Teenagers
by Ng Wing-kwong, Ringo & Yip Yuk-pui, Lea
First Printing, First Edition, July 2016
Fifth Printing, First Edition, January 2018
First Printing, Second Edition, January 2021
Fourth Printing, Second Edition, November 2024

Printed in Hong Kong
ISBN 978-988-8562-40-4

誠邀閣下就突破出版社的書籍發表意見

歡迎加入突破出版社 Facebook page — http://www.facebook.com/btbooks.page

本書採用環保油墨印刷

栽培新一代

年輕的心 驛動卻美麗

認識 貼近

關愛 同行

建造新一代更動人的生命

目錄

莫綺文序

家庭是孩子的溫室。青少年時孩子成長最快，也是最脆弱的時候，家庭這個溫室扮演任重道遠的角色。不過，青少年們不應仍生活在溫室之中，要走進現實的社會茁壯成長，須見世面，經歷風雨。家庭是培養和裝備青少年為正直、獨立、堅毅、有愛心和對社會有用的始點。所以，父母要拿捏的角色尤其重要。

自 2013 年起，社聯伙伴基金與突破輔導中心合辦「有家・無慮」青年心理健康計劃，透過輔導和家長教育工作，加強家庭的關係、溝通、凝聚力和正能量，家長也可以領會教育孩子的核心重點，協助青少年克服成長中的種種困難，釋去他們的疑慮。過去兩年多，我們已經服務超過 700 個青少年家庭和 270 名青年人。

今年，為了擴展家庭價值教育工作，故此出版書籍和影片，配合不同形式的家長講座和工作坊。這本書可算是近年少見以本土個案為內容，由香港資深輔導員撰寫的青少年家長教育書，定名為《當子女說你好煩》，書中引用的全是真實例子，道出不少家長的感受，也反映了青少年的激烈反應，加上實用的技巧，提供空間讓父母反思，是一本不可多得的錦囊和參考書。

聽到子女說「你好煩」時，你自然會煩躁起來。請父母先放鬆，抽時間慢慢閱讀，願文字和故事能引起你的共鳴，你必然會發現面對的難題不是你獨有，很多父母都面對類似的困難，不過，總有方法可以處理。

祝願父母與你的孩子活得有愛，活得愉快。

莫綺文
社聯伙伴基金創辦人
2016 年 5 月

沈祖堯序

青少年對未來充滿憧憬，期望自主、自由，也常為升學就業、交友、儀表等問題煩惱。成長的焦慮雖然説是難以避免，但家長怎樣才能洞察兒女的心事，幫助他們掌握待人處世之道呢？聽起來，父母的擔子可真不輕，但幸好有突破輔導中心等熱心服務青少年及家庭的機構，父母就不用興孤掌難鳴之歎。

《當子女説你好煩》這本書，匯集突破多年來輔導青少年和家長的經驗而寫成，見解精闢，文字簡潔，引用生活實例，讀者易生共鳴。這本書的編排頗見心思：第一至第七章以子女常見的怨言為標題，而每一句寥寥數字的怨言，正能揭示兩代矛盾的癥結所在，是父母不能忽視的警號。

中醫説的望聞問切，應用於修補兩代關係，也頗稱貼切；如果家長懂得怎樣分析子女的言語和行為，必定可以儘早找出問題的根源，或防患於未然。作者提綱挈領，以孩子的説話為線索，一步一步引領成年人從年輕人的觀點看問題，重建他們教養子女的信心。

父母人生經驗豐富，大多甘於安定保守，孩子卻總受新事物吸引，不喜歡受束縛，彼此立場不同，誤解也多因此而起。要化解兩代之間的衝突，訣竅就是多聆聽，使對方感到受關懷和接納。我相信不論是父母與否，讀者都必定可以從此書得到啟發，學懂以開放、包容的襟懷，愛護你應該愛護的人。

沈祖堯

香港中文大學前校長

2016 年 5 月

鄭建德序

「我的孩子什麼時候變了頭小魔怪？」

我在中學服務 28 年，見證一代又一代的成長。中一入學的少年人每一位都長着天使般的面孔，嘴邊都掛着天真爛漫的笑容；可是，一個暑假後他們不單個子高大了，連笑容也隱藏了，驟然變了頭「小魔怪」。家長若未預備好迎接子女的改變，定必感到束手無策。縱使有所準備，參加了很多認識子女成長的講座和工作坊，在實戰現場也很容易把所學的拋諸腦後，與「小魔怪」戰至兩敗俱傷。

事實上，這改變是每一個少年人成長的必經階段，有人叫它做「反叛期」，我倒喜歡叫它「成長期」，就像毛蟲蛻變成美麗的蝴蝶，必須經過蟲蛹的階段一樣。家長必須明白，子女的成長期是一定會出現的，只是有些孩子會稍遲出現，一些則會早些；成長期的挑戰也必然會出現，只是挑戰的大小可能有分別而已。故此，適當的準備可叫我們作家長的面對子女進入成長期時不至徬徨失措。

誠意推薦這本書給每一位願意擁抱孩子成長的家長和學校老師。本書所寫的個案，都富有強烈的真實感和現代感，親子的對話天天都在某些家庭中發生。本書既有能產生共鳴的個案例子，有實用的建議，有堅實的理論支撐，並有閱後反思和練習，是家長的實戰手冊，也可以成為學校舉辦家長學堂的教科書。

鄭建德

滙基書院（東九龍）校長

2016 年 4 月

蔡元雲序

倘若你家中有少年子女，相信你已經察覺到子女曾經用語言或是身體語言向你表達「你好煩！」這本書是一本實用性十分強的「導航手冊」：幫助你跨越你和少年子女間的世代和文化鴻溝。

少年子女與他們的中年父母正活在兩個不同的星球上，少年人身心發育、經歷成長的暴風期——情緒波動、身分模糊、前景令人悲觀、朋輩關係不穩定。中年人不自覺地步入危機中年——青春不再，身體漸走下坡，從追逐成就到尋求意義，上要照顧年老的父母、下要培育子女成才，經濟就業充滿壓力，情緒上難免有憂心和焦慮。兩代之間的文化差異極大：現代與後現代的思維及價值不一樣；大眾傳媒與網絡塑造了一個新世代的少年人；政治取向及公民意識上兩代也有不少衝突……

突破輔導中心的同事都是專業的輔導員，多年來不單輔導青少年，更進行深入的家長教育與家庭輔導，累積了豐富的實戰經驗；努力建立兩代間溝通的橋樑，目標是將活在兩個星球上的少年子女與中年父母能在互相聆聽、互愛互信的生命中更深結連。

本書細緻地描述真實的場景和個案：以專業知識分析兩代之間割裂的原因，並提出具體的聆聽指引，讓對方在愛中共建前行的路。相信每位為人父母的在細讀和反思中必定有所領悟，並且更明白子女說「你好煩」背後的原由，曉得如何回應，並學習與少年子女同行創路。

我本身從事青少年工作多年，近年來也花了不少時間促進父母和子女間的關係重建；我誠意向各位為人父母的推薦這既深入分析，而實用性強的好書。

蔡元雲

青年全球網絡首任及榮譽會長、突破機構創辦人

2016 年 4 月

伍詠光序

這是一個逐漸崩壞的時代。

首先是家庭系統的崩壞。單親家庭數字日益上升，即使在雙親家庭，父母二人也未必有效合作做好爸媽角色。有些母親甚至感覺雙親彷彿變了單親，丈夫從來沒積極參與親職工作；也有些父母只會以孩子為中心，孩子才是一家之主，致使在孩子面前失去應有的尊重和權威。父母管不了，也教不了。

第二項是溝通崩壞。青少年終日活在網絡世界，將自己封閉在熒光幕後，跟家人隔絕。沉溺的核心因素是為了補償人與人之間的疏離，及老早喪掉了的真摯連繫。很多父母早被生活、人際或工作俘擄，不自覺地將孩子的問題當成一個個得儘快解決的任務，根本沒空間深入與子女溝通。近年社會的撕裂帶進家庭。雙方不了解，源於不願了解對方的立場和角度，最後彼此為社會議題拗得你死我活，或選擇沉默，不談不問。

第三個是價值觀崩壞。百花齊放的價值觀藉網絡和朋輩滲透，逐步影響青少年的思想行為，父母近乎束手無策。父母知道價值觀的重要，也明明知道關係和品德重要，當眼見孩子成績下滑，再次被牽動神經，不得不催促孩子操練和追趕，容易忘掉愛的初衷及生命的意義。

當然我們無法一下子解決以上所有問題。但面對以上種種處境，家長跟青少年子女的「溝通」是首要關注。溝通不能圓滿解決問題，但似乎是開端。管教關乎溝通，讓父母與子女雙方感到被明白，被體諒，以致心中的信息可以被傳遞被接納，大家可以獲得尊重。這就是關係的開始，沒有正面的關係，怎樣的管教都會失效。

突破輔導中心的使命就是關心青少年及他們的家庭。我們相信青少年在一個健康的家庭和氣氛環境，才能健康地成長。在 40 年的歲月裏，突破輔導中心透過輔導和家庭教育工作，幫助了無數家庭走過情緒和關係的低谷，解開內在無形的心結，學習重新溝通，能夠健康地表達愛。而這本書綜合了我們多年工作的經驗和心得，以一種非常易讀易明的方式向家長分享。

沒有人天生懂得做父母，當孩子天天長大，父母就要天天重新學習。用另一個說法，學做父母等於學做人。你認同嗎？我想將這本書送給每位天天活在掙扎和艱苦中的青少年家長。願你享受這本書為你帶來的提醒和反思，希望你不但在行為上改變，更可以心態轉換。這是我為每個讀者的祈禱。

我要感謝突破輔導中心一班同工。這不是個人創作，而是整個團隊的創作。同工們累積了無數的輔導和研究經驗，結合信仰和實踐，一心要幫助青少年的家庭。我更要多謝另一位作者突破同工葉玉珮姊妹和編輯伍詠慈姊妹的配搭，她們給我很多寶貴意見，使我獲益良多。

最後，感謝社聯伙伴基金對這個計劃的支持，讓這本書可以面世。

你的弟兄

伍詠光

2015 年聖誕節

葉玉珮序

本書寫作期間，發生了 20 多宗青少年自殺個案。曾有家長感觸地說，每次聽到新聞，都會先查看是否自己的子女，那種惶恐，令人扎心。父母這種反應除了是對子女最真摯的關注外，亦令我反思，是否家長對子女的真實面貌沒有什麼把握？不少新聞訪問都有一個共通點，就是輕生的年輕人在事發前都「沒有異樣」，才令父母師友未能及時警覺。

這現象叫我們重新檢視親子溝通的問題：青少年常裝作無事，不向身邊的人透露情緒困擾；而父母也常收不到子女的求助警號，往往到爆發一刻才大嚇一驚。親子的溝通長期陰差陽錯，究竟讓我們錯失了幾多幫助子女的機會？盼望親子之間先從日常的溝通開始，別讓問題積累。

不少人認為，在兒童階段沒與子女好好溝通管教，他們成長至青少年時已束手無策了。不是的，只要父母願意，永遠不會遲。我們的而且確看到很多真實的個案，父母與青少年子女修補破裂、重建信任關係。子女十分期待與父母以情相繫，只要我們願意多走一步。

盼望這本講解與青少年溝通的書，能在這充滿壓力、前路茫茫的年代，與家長同行，找到一條出路。

感謝突破所有同工，我們是基督的身體，雖恩賜各異，卻共享主的異象，在不同領域互相配搭服侍，一起委身。沿途有你們一起學習，十分感恩。

葉玉珮

2016 年 4 月

導讀

青少年，到底你在想什麼？

子女踏入青少年階段，是父母摸不着頭腦，甚至最難受的時期。

親子的困難時期

父母總想關心子女，了解他們的想法、心情和狀態，可是這個階段的溝通變得異常困難。親子之間彷似有一層隔膜，令大家不能親近。這情況令青少年父母感到很失落，以前會黏着父母、什麼都對父母說的孩子，轉眼變成對父母愛理不理，甚至有時把父母當成仇人一樣看待。這種不再親密的感覺，非常難受。

在這個階段，管教也變得愈來愈困難。有時父母見到子女做事不妥，或者沉迷玩樂、拖延等，想提醒兩句，但回應往往是「得啦得啦！」卻沒有行動；若再提醒，他們會拋下一句「你講咗 N 次啦！你好煩呀！」然後拂袖而去！

除了行為上不合作之外，有時子女的價值觀也把父母大嚇一跳。明明從小已教導子女要以禮待人、誠實不可説謊、做事要盡力等，卻發現踏入青少年期的子女總背道而馳。提點後，子女好像沒有悔意，還會説「你都唔明」，拒絕討論，令父母又氣憤又擔心，到底以前的品德教育哪裏去了？

而最難受的是，與青少年子女溝通沒幾句，子女便心浮氣躁。有時好心替子女買東西，他們不但沒有「多謝」，還指責父母「搞錯呀！買錯晒！你係唔係特登？」令父母又愕然又受氣。你想予以糾正時，他們不但抗拒，更會回應一句：「你好煩呀！」甚至無故大動肝火，然後塞上耳筒，或關起房門不理人，氣得你咬牙切齒。這些因日常瑣事而來的衝突，天天上演。難怪有些父母認為青少年子女是教不到的，便打算放棄。

了解青少年的成長任務

兩代出現溝通困難的原因很多，例如表達方式、期望差異、親子關係、對處境文化的不同理解等等。要與青少年有效溝通，有一個重要的竅門，就是認識這個階段的成長需要。

簡單來説，青少年階段是由兒童發展至成人的中間階段，是一個不穩定的過渡期。

兒童期 ⟶ 青少年期 ⟶ 成年期
（過渡期）

在兒童階段，小朋友需要依賴成人生活，不但在生活上提供生存的必需品，還需要：

- 與成人緊密的情感依附，為他們建立對世界的安全感；
- 由成人給予讚賞、肯定和鼓勵，以建立自尊感；
- 由成人教導價值觀，建立他們的良知，認識和遵從社會規範。

在這個階段，小朋友相對較為服從成人的權威，並會想努力達到成人的期望。

至於青少年階段則是一個人開始作為成人的預備，這個階段的重要成長任務是發展自我認同（self identity），他們需要：

1. 確立自我

由依賴別人對「自我」的回饋，轉而由自己反思和領悟「自我」的定位。他們嘗試自行探索和冒險，以了解自己的個性、特質、喜好、專長等，從而確立自我，這是發展個人獨立生活的能力。正因為對自我有很大關注，他們時而覺得自己的想法很獨特，別人難以明白，何必解釋太多，但心底裏其實渴望有人明白。時而又感到全世界的焦點在自己身上，對自己的一舉一動、外表儀容很在意。

2. 發展獨立自主

由順從權威轉向挑戰權威，爭取「話事權」。對於如何思考、如何做決定和如何處事等，他們都躍躍欲試。在發展獨立思考的過程中，他們的批判性較強，不易對現實妥協，對不合理的事情會堅持修正和表達不滿。如果他們覺得你介入了屬於他們的管理範圍，感到自主空間受阻，也會狠狠挑戰你的權威。因此很多時父母會覺得子女的想法不切實際，但要說服他們又不容易。然而這是他們學習獨立思考和處事的必經過程，也是為日後作成年人的準備。

3. 朋輩認同

焦點由父母的認同轉為朋輩的認同，如何被朋輩接納成為他們最大的關注。在這階段，他們一方面會全力融入所屬羣體的文化，如衣着、行為、價值觀等等，另一方面又可能會常常轉換羣體，以尋索自己的定位。這個過程有助他們確立自我形象，亦能發展更成熟的社交能力，有助成年後在工作和生活上，建立良好的支援網絡，學會與他人合作和競爭。當他們的目光從父母轉向朋友，父母難免失落，但這卻是健康的發展。

4. 自我統整

將「社會期望」（尤其是兒童期權威的教導）和「自我確立」整合，發展出一套既不違背個人心理需要和價值取向，又符合社會規範的生活方式，是成熟的人格發展。可以想像這是個漫長的過程，父母難免擔心子女行差踏錯，然而子女必須透過不斷嘗試和拿捏準繩，達至自我統整，所以父母可視之為一個正常的發展過程，不必對單次的得失太在意。

青少年階段出現的生理變化，也配合這種「成長需要」的發展。荷爾蒙的分泌旺盛使青少年情緒更為波動，他們容易憤怒，而憤怒賦予人反抗的力量，幫助他們向四周說「不」，以確立自我、捍衛自主空間，進行獨立思考。他們會因發生了一些事情影響心情，不懂表達又無法排遣，結果無故遷怒於你。所以，青少年父母會覺得子女喜怒無常，而突如其來的憤怒情緒則把父母殺個措手不及。**簡而言之，在青少年階段，親子之間的溝通困難，很多時不是內容的對錯，而是與成長需要有關。父母若能從這個角度看待，便能理解這些都是健康的發展。**

青少年是想獨立，卻未然的階段

有些父母會想，既然子女急欲自作主張，索性撒手不管吧！

然而，**青少年只是在發展獨立自主的階段，還未具備獨立自主的能力，仍需要父母的協助**。很多時青少年在自主的情況下，會感到膽怯戰兢，擔心自己做得不對，這時又會反過來投訴父母「不理他們」。

有些父母也會想，父母的權威都到哪裏去了？認為現代的教養理論縱容青少年，令他們尊卑不分，而且沒有抗逆力，動輒要生要死！管教子女應該要「惡」，錯就要罵。既然自己也是這樣長大，現在好端端的，所以不必學太多西方的溝通新玩意，也不用理會什麼青少年成長任務。

的確，上一代的父母並不知道什麼溝通理論，很多都在打罵哭鬧中成長，如今也能知分寸、有學識。然而，有幾多人能夠說，與父母有親密的關係？我們會尊敬和孝順父母，因為他們有權威、願為子女付出；然而，很多時關係卻疏離。上一輩着重教導，卻缺少對子女的情感滋養，不會有擁抱、親吻、慈愛的眼神等，也少了情感上的結連如聆聽、諒解、支持和保護等，這些均對建立親密關係十分重要。加上，上一輩情感表達非常含蓄，較多流露負面的情感，諸如打罵、比較（貶低）、威嚇等。結果，親子結連薄弱，關係便較為疏離。如果不希望與子女重演這種關係，好好溝通是培養親密關係的途徑。

良好的溝通方式有助青少年成長

讀到這裏，你可能已感到「做青少年父母好難呀」！這簡直是一個箭靶！這個情況還要維持幾多年？一般而言，青少年成長階段在 11 至 18 歲之間。不少面對子女已非常頭痛的父母聽後都會驚惶大呼：「這麼長？誰捱得住？」

父母不用太擔心，如果對子女的成長任務處理得宜，很多親子衝突都能避免，子女甚至能提早完成這個階段；而子女到了成年期，亦能再次與父母維持較為成熟和穩定的關係。

> 有一位媽媽，多年來都因管教兩名子女而家無寧日。兒子升中後成績下滑，可是兒子總不承認，不肯溫習，終日沉迷打機，責罵幾句後又會離家出走；又會偷媽媽的錢，甚至變賣了她的手機，令她既生氣又擔心，她自問盡力教導兒子自律、誠實，實在不明白兒子為何變成這個樣子？
>
> 後來媽媽鼓起勇氣尋求輔導。輔導員耐心聆聽，引導媽媽從青少年成長角度看兒子的行為問題。媽媽發現與兒子的相處過程中，雖然好心想提點，卻常常將兒子的過失掛在口邊，兒子感到自我形象受損，立時反駁，於是雙方衝突連連。她擔心兒子學壞，嚴厲管制他外出和用錢，卻忽略了他發展社交的需要，結果兒子偷她的錢。
>
> 當媽媽嘗試改變溝通方式，聆聽兒子的成長需要後，發現二人少了吵架，自己的情緒有所好轉，兒子也變得溫和了。後來兒

子向她表白，有一次又想偷錢，但因為不想媽媽傷心，最後放棄了；又告訴她，很懷念兒時媽媽陪自己上學，路上有談有笑，是母子倆最愉快的時光。

多年後，兒子進入後青少年期，情緒穩定多了。一天，他對媽媽說，聽到升中的妹妹頂撞媽媽，才發現這些說話有多難聽；而媽媽仍能不惱不火，從容面對，他很感激媽媽過去的無限忍耐和包容。

若父母能掌握如何與子女溝通，不但避免衝突，還可以再次體驗彼此親密的關係；父母亦能陪伴子女順利完成成長任務，成為獨立成熟、自律自信的成年人。**當子女成長，他們對昔日年少輕狂，父母仍然陪伴左右，默默承受、不離不棄之恩，自會銘記於心。**

這本書關於什麼？

這是一本講解父母如何與青少年子女溝通的書，以香港處境出發，以具體例子說明與青少年溝通的各種理論和技巧，以及家長會遇到的困難。溝通可以促進彼此的關係，良好的親子關係是管教的基礎，因此先掌握與子女好好溝通的技巧，就是化解青少年管教問題的基本步。

本書第一章講解情緒在溝通中的作用，很多時親子的溝通困難，源於忽略了情緒。

第二至四章介紹雙向而有效的溝通方式。第二章介紹同理心，講述如何聆聽子女，掌握情緒，令子女感到父母明白他們，願意向父母傾心吐意。第三章介紹「我的訊息」，幫助父母有效傳達要求，而子女又願意聆聽和執行。第四章是協商，講解如何與子女進行商討，達成協議。

第五至第六章講解透過溝通建立子女的自我價值，增強親子互信，作為日後管教的基礎。第五章介紹如何讚賞，鼓勵子女改善不理想的行為。第六章是處理個性差異，如果子女個性和父母有很大差異時，應如何處理彼此的期望、想法和習慣。

有了穩固的關係基礎和掌握有效溝通的原則後，第七章是幫助父母處理青少年的憤怒情緒，化解衝突，重啟對話。

第八章介紹溝通怎樣帶來有質素的陪伴。

第九至十章要處理一些較深入的問題：溝通的不自覺性。情緒影響家長與子女的溝通，因此，父母即或知道很多溝通理論和技巧卻運用不到。第九章協助家長察覺溝通過程中的不自覺情緒，並透過日常對話操練一些溝通規則，達致有效溝通。第十章協助家長反思不自覺的情緒受什麼影響和如何拆解。

由於管教涉及的範圍非常廣泛，如打機、戀愛、缺乏學習動機等等，而篇幅所限，不會在此詳細討論；至於教養其他範疇，例如定立界線、夫妻合作、家庭系統、外界支援等等，亦須另書講解。

家長常帶着的疑問是「如何處理子女某個事件」。事件的處理因人而異，也要因時制宜。然而溝通的原則卻是大同小異，這些原則建基於對人性的理解，例如人都是喜歡被尊重、被愛，不喜歡被指斥、被拒絕；人都是渴望與他人連結，不想孤單、被遺忘；人都渴望被欣賞、被肯定，不喜歡被貶低，這些都是我們對人的信念，相信人在造物主眼中是滿有價值的。父母探索了適合自己的方式，調整合適的心態和觀點，找到與子女有效溝通的途徑，個別疑難自然能夠迎刃而解。

第一章

你好煩呀！

——聆聽青少年情緒

目標：

接納和聆聽青少年子女的情緒。

技巧：

如何聆聽子女的負面情緒，保持親子連線。

引言

如果家長問我，青少年最主要特點是什麼，我會總括為三個字：「情緒化」。他們常常關起自己不理父母、為了很瑣碎的事而大發脾氣、明明做錯了事，還要惡人先告狀、説話沒大沒小、情緒變化莫測……以上問題已經把你氣得半死。有時候，你會問自己：「這還是我的子女嗎？為什麼他與兒時完全不同，究竟什麼時候變成這個樣子？是哪位朋友影響他？還是老師不懂得教？其他青少年該不會這樣吧？」

容我先回答最後一條問題。**很多青少年父母都跟你一樣遇上類似的子女情緒問題。正如開首所説，情緒化是青少年的特徵，相信為人父母曾幾何時也經歷過這個歲月。一個沒有情緒的青少年才「有問題」**。

處境 兒子「轉死性」

陳家夫婦育有一個13歲的兒子叫John。自從John升上中一，情緒大變，喜怒無常。他天生聰穎，讀書成績不錯。可是，數學常常不及格。當John遇上困難時，通常的處理方法就是逃避，而且用不同藉口推搪，所以數學成績一直難見起色。父母一旦提醒他，他就大發雷霆，說：「不要管我！」父母都拿他沒辦法。

一天，John竟然「轉死性」主動向母親要求：「我想過了，我決定補習數學！」

母親當時心想：「他一向做事三分鐘熱度，有頭沒尾，這次可能又半途而廢，最後還是浪費我的金錢。」想一了想，於是對兒子說：「你想清楚沒有？你知否你上次……」

母親話音未落，兒子怒目瞪着她，破口大罵：「你總是這樣看扁我！你不要我補習，以後我就不去！你開心啦！」之後一支箭似的衝入自己房間，大力關上房門。母親心裏氣得要命，想：「我根本沒有阻止你去補習，怎麼蠻不講理？」

於是，母親隔着房門大聲說：「我有說錯你嗎？我只是提提你而已，你就向我大發脾氣？」

兒子卻在房間大聲反駁：「**你收聲啦！好煩呀！**」

這時候，母親悲憤莫名：「明明不是罵他，反要被他罵。他究竟發什麼神經？我真是不懂教！」

舒緩子女情緒要訣：聆聽

面對這種情況，陳太真是有苦自知，提醒一句，竟然招徠兒子的責罵，事情不但得不到解決，自己還要飽受委屈。很多家庭經常遇上這類充滿火藥味的場景，子女和父母常常為了大事小事吵過不休。可是，原先要討論和處理的事最終卻沒法解決，一件一件累積，令父母更為擔憂。

當人情緒開始激動時，最期望得到別人明白。要明白，先要聆聽。因此，舒緩子女情緒第一步是父母的聆聽。

然而，很多家長遇上子女情緒發作，只顧教導和提醒，或自己也被激怒，反而忘了聆聽。要知道，任何人也討厭被翻舊帳，青少年遇上父母細數「上次怎樣怎樣」，一定覺得不服氣。當子女處於情緒激動的狀態，無論父母說什麼，子女都聽不進去；而父母也沒有空間猜想子女的行為和言語背後，究竟想傳達什麼，更不要說了解子女需要什麼。

如何聆聽：找出具體細節

一切的溝通都從聆聽開始。**聆聽是父母先放下「教導」和「提醒」的意圖，了解子女究竟在想什麼。**

兒子：「我想過了，我決定去補習數學！」

母親：「你為何想去補習？」

（了解動機）

兒子：「想補就去補吧！」

母親：「你覺得補習會幫到你什麼？」

（有時候兒子不能清楚解釋，但不要放棄了解。詢問具體情況和細節有助兒子說明動機）

兒子：「我覺得代數很難，老師又教得不好。」

母親：「原來你一直都感到困難，不如我們商量一下哪種補習方式最適合你。」

（共同找出最適切的解決方案）

家長先要聆聽和掌握子女的動機和心思，不但可以避免無謂的衝突（其實很多衝突的起點都很無謂），更可以創造溝通和表達的機會。有時，子女未必能夠清楚表達，說的話聽來「無厘頭」，不過請父母保持耐性，繼續詢問具體內容，自然會得到他們的要領。但很多父母認為子女自從長成青少年，已經不想和自己說話，更別論聆聽這功課。其實青少年很需要父母的聆聽，當你和子女發生爭執時，正是他們最需要你聆聽的時候，所以請別急於教訓。

情緒暴躁的事後聆聽

如果子女正在生氣，怎樣聆聽？父母不妨先冷靜，暫停這個話題。同時，也請子女冷靜，待情緒降溫後，讓子女明白父母不是要指責他。

父母要明白青少年通常對「責備」很敏感。父母要主動驅除他們「怕被責怪」的心魔，才能創造溝通的機會。

“聆聽是父母先要放下「教導」和「提醒」的意圖，了解子女究竟在想什麼。

分析情、理、事

你固然明白聆聽的重要。在「和平」的日子，父母和子女暢所欲言。但是在子女反叛、逆你意，或者子女鬧情緒的時候，父母自然被氣得七孔生煙，哪有心思了解他們想說什麼呢？這裏要介紹一項溝通要旨：「情、理、事」，幫助父母在混亂中仍然可以清醒地聆聽。

情	因事件引起的情緒，而情緒分為表面和深層的情緒。
理	對於事件的是非判斷。
事	事情的經過及背後的原因。

一般父母在處理子女的情緒和問題時，往往稍為了解「事」，未完全掌握清楚，就開始說「理」，最終忽視了「情」。讓我們重溫 John 的例子。

兒子氣沖沖地說：「我想過了，我決定去補習數學！」

母親疑惑地問：「你為何想去補習？」（事）

兒子感到不耐煩：「想補就去補吧！」

母親心裏不太高興，但仍保持耐性：「你覺得補習會幫到你麼？」（事）

兒子有點煩躁：「我覺得代數很難，老師又教得不好。」

母親仍保持平和語氣：「原來你一直都感到困難（情），不如我們商量一下找哪種補習方式最適合你。（理）」或說「媽媽知道你很煩躁。你先靜一靜，我們之後再說。」（情）

子女講粗口

> 兒子參加完游泳班回家，面色很難看。母親見狀，走去關心詢問。怎料，兒子竟然大發雷霆，大聲喊：「無事呀！」
>
> 母親當時感覺尷尬，心想：「問候一句都給你罵？」但她為了幫助兒子，按捺浮躁，可是語氣卻掩不住：「究竟發生什麼事？(事)」
>
> 這時候，兒子用粗言穢語罵他的游泳導師。母親即時感到非常憤怒，於是提高聲調說：「你知道講粗口不對嗎？(理)」
>
> 兒子也提高聲調反駁：「講粗口又如何？唔關你事！」
>
> 母親更加憤怒：「你做錯了，我就要管。」(理)
>
> 兒子怒目而視：「同你講都嘥氣！」

這場對話問題出在哪裏？就是母親雖然詢問何事（子女為什麼不高興），可是她急於講「道理」（指出講粗口和態度的問題），而忽略了「情」：子女回家時的面色代表他心情不好，講粗口是憤怒的另類表達。這些情緒就是「情」的部分。再看正面示範——

> 母親定一定神，知道他心情一定出問題，溫和地問：「見你氣沖沖，一定發生什麼事。」(情、事)
>
> 這時候，兒子用粗口罵他的游泳導師。母親先是愕然，不過仍然堅持幫助兒子表達，所以說：「其實媽媽不喜歡你講粗口(理)，你平時不會講粗口的(事)，所以我猜你一定和導師發生

很不愉快的事（事、情）。可以告訴媽媽嗎？」
兒子悻悻然地說：「他無故屈我，我根本沒錯。」
母親安慰說：「原來他屈你，究竟發生什麼事，可以向我說嗎？（情、事）」

個案中的母親着重「事」和「情」，她細心傾聽子女內裏的感受，耐心尋找事實。很多時候，父母早已假設子女做錯事，想儘快解決問題，反而沒耐性細聽及查探清楚事實，更不用說諒解子女的負面情緒。

可以說，**溝通的心法是：情緒沒道理**。人處於情緒高漲時，根本聽不進任何道理。情、理、事，一定由情感開始，先留意和處理子女情緒，講道理才能事半功倍。

容易忽略的聆聽內容

一般父母除了容易忽略以上「情、理、事」的技巧，也通常遇上以下兩個問題。

1. 忽略子女的「暗示」

有時青少年不會直接向父母和盤托出一件事的始末經過，又或不善表達，他們往往輕描淡寫地暗示一些表面的小事，例如說：「有同學穿了什麼款式的鞋。」很多時父母的回應可能是：「同學的鞋與你何干？」甚至加多一句：「與其多管閒事，不如去溫習一下。」

這樣，子女怎會和你再談下去。說不定，她可能想跟你說，多渴望擁有同一雙鞋，或者討厭這個同學以新鞋向人炫耀。

所以，先不要太快拒絕和阻止他們說下去，留意這些可能是「神奇時刻」（magic moment），就是子女有話要說。你可以運用以上「情、理、事」的技巧繼續詢問和對話。

2. 忽略子女的非言語表達

眼睛和肢體是重要的表達渠道。人的眼神目光及肢體動作或多或少可以反映他們的心情。當子女一面做功課，一面拍打書桌，甚至給你面色看，父母一般反應是阻止，你估計子女感覺如何？當然覺得父母不明白，這些動作的背後，正代表他們的煩躁不安，可能是很疲勞，可能是遇上困難等。

（頁 36 至 37，表 1 列出不同情緒引起的非言語表達。）

> “先留意和處理子女情緒，
> 講道理才能事半功倍。

做好父母有何難

青少年特別容易出現負面情緒？

1. 生理變化與腦部發展

你已聽過有關青少年如何受賀爾蒙影響，導致個性改變，情緒容易波動。近年，更多科學家從人的腦部發展研究青少年的情緒。指出青少年做判斷的前額葉發育較緩慢，而負責憤怒與其他原始情緒的部分卻生長得特別快。相對，成年人的前額葉功能比青少年的發展較強。可想而知，**青少年的情緒往往比理性來得快**。發生狀況時，父母自然比他們理性，想立即講道理，不過，這明顯沒有用的，因為子女的理智還未到位。

2. 處境變化與自我形象

家長每天都要處理生活上大小不同的問題，因而失去空間察看子女成長的「大圖畫」，就是成長階段的變化，容易忽略青少年的「突變時期」。

青少年主要有兩個突變時期，就是 10 至 13 及 18 至 23 歲。這時，青少年要面對處境突變，例如升上中學或進入大學或職場，不容易適應，情緒較易波動。

我並非說青少年在這兩個時期以外就沒有困難。基本上，他們天天都面對轉變，面對生理和自我形象的困擾，擔心別人怎樣看自己的外表和表現，很需要別人的接納。**當青少年常處於這種誠惶誠恐的狀況下，自然情緒不穩**。

3. 家庭關係與互動

當子女進入青少年期，也正是父母進入中年或更年期時，每個家庭成員都要面對自身的各種轉變，轉變容易帶來壓力，壓力容易引起情緒。

父母和子女在十多年來建立了一種既有和牢固的相處模式，有可能因生理變化和情緒導致性情大變。如果其中一方有轉變，另一方無法立即適應和調校，自會引起各人的連鎖強烈情緒反應。

子女的情緒信號

很多父母只會簡單地將所有負面情緒歸類為「鬧脾氣」，其實負面情緒有很多種。如果父母不能仔細地辨認，怎能幫助子女辨識和處理，對症下藥？所以父母除了**要接納子女不同的負面情緒，更要認識每種負面情緒也有其正面作用**。

以下是一些常見的青少年情緒狀態、作用、有聲無聲的表達方式、內心狀態，及父母較為合適的應對方法。(表 1)

表 1 不同情緒的非語言表達

子女表達方式（有聲、無聲）：怒目而視、緊握拳頭、無理取鬧、大力擲東西或關門。	
負面情緒	鬧脾氣、憤怒。
目的與作用	負面：要對抗；要掌權。 正面：自我肯定；自衛。
子女的內心狀態	感覺不滿、不被信任、受委屈、被錯怪、受不公平對待、父母不守信用等。
父母較合宜的應對	不要跟他爭論，也不要被他威嚇、立即讓步；要求雙方冷靜後再談。 **例如：「我們都要冷靜一下，否則什麼都談不到。當你冷靜下來，我願意聆聽和信任你的。」**
子女表達方式（有聲、無聲）：一聲不響、關起自己、埋頭玩手機、電腦、沒精打采。	
負面情緒	沮喪、憂傷。
目的與作用	負面：操控別人；逃避責任；博同情。 正面：尋求支持。
子女的內心狀態	遇上挫折、不能達成自己理想、被同輩忽視或嘲笑、不被重視等。
父母較合宜的應對	表達你明白他的心情和困擾，尊重他選擇向你分享多少，表示願意陪伴，隨時可聆聽。 **例如：「我知道你不高興。當你願意跟我談的時候，我隨時可以傾聽。」**
子女表達方式（有聲、無聲）：無病呻吟、唉聲歎氣、埋頭玩手機電腦、無法專注。	
負面情緒	厭倦、厭煩。
目的與作用	負面：退縮；逃避參與；逃避麻煩。 正面：隱藏。
子女的內心狀態	覺得事情無聊、疲倦、沒成功感、得不到別人認同等。
父母較合宜的應對	肯定子女的付出，讓子女有休息的時間和空間，也可以邀請子女探索其他可能性和有趣味的東西，並尊重他們的意願。 **例如：「這件事可能令你很失望和灰心。你已經盡了力，我們之後再一起想辦法吧！」**

子女表達方式（有聲、無聲）：逃避不想做事、埋首玩手機電腦。	
負面情緒	害怕、恐懼。
目的與作用	負面：想放棄；想退縮。 正面：自我保護。
子女的內心狀態	遇上挫折、怕失敗、怕未達父母期望、曾遭別人嚴厲批評等。
父母較合宜的應對	表示願意陪伴，隨時可提供幫助，信任他有能力處理和做決定。 **例如：「我知道你悶悶不樂，我很擔心你，也知道你要點空間。你需要幫忙的話，隨時開聲。」**

子女表達方式（有聲、無聲）：一聲不響、矢口否認、説謊。	
負面情緒	內疚、羞恥。
目的與作用	負面：想操控別人；想懲罰自己；想得人憐憫。 正面：自我反省；承認責任。
子女的內心狀態	害怕責罰、擔心不能承擔後果、自我形象低等。
父母較合宜的應對	不要過分指責；欣賞他承認錯誤，鼓勵他為後果負責和補救。 **例如：「我相信你知道做錯了什麼，你已經承受着後果。既然事已經發生，我們一起想想如何一同承擔吧！」**

子女表達方式（有聲、無聲）：逃避不想做事、埋首玩手機電腦、過度強迫自己、跟別人比較。	
負面情緒	感壓力、焦慮。
目的與作用	負面：感覺力有不逮；想要逃避責任。 正面：避免負荷不了而倒下。
子女的內心狀態	怕失敗、與別人比較、怕自己或令父母失望等。
父母較合宜的應對	陪同子女一起尋找壓力來源和核心問題；幫助他重新訂定緩急輕重，或減少工作量，或調節期望。 **例如：「你對這件事一定感到很大壓力，其實成敗不是最重要，曾經付出才重要。不如我們再計劃如何面對。」**

從上表你可能發現子女玩弄手機或者是一種無聲的表達方式。當人有負面情緒時，很可能利用其他事物轉移注意力。正如很多人下班後回家，都會對着電視發呆，目的是消化內裏的壓力。因此，家長不要單單批評子女玩電腦或手機，更要留意表情和其他行為，關注他最近發生了什麼事。

負面情緒的強烈信息：我沒有安全感

從上表可見，即使負面情緒也有正面作用。情緒雖然多樣，但共通點只有一個，就是「自我保護」。當人遇上壓力時，會缺乏安全感，自然會用不同的情緒表達增強安全感。可以說，子女的**負面情緒只想表達：我沒有安全感**。

青少年不像成年人，能掌握和適應各種生活困難和狀況，因此自動利用情緒作為心理保護和屏障。從表面看，以為他們心理出問題，想與父母搞對抗，其實內心卻極之害怕和無助。

每個父母都愛惜子女，最佳方法就是給予情感上的支持。第一步是接納他們的負面情緒。

“子女的負面情緒只想表達：我沒有安全感。

給父母的心法

為何父母難以接受負面情緒

你始終不能接納子女的負面情緒，認為他們總是任性發洩，長期忍受，已經到達一個臨界點。同時，你可能有些連自己也不察覺的盲點，令你的忍受力大大降低。以下是一般父母的三種盲點：

盲點 1：父母認為負面情緒等於反叛、不理智，想立即叫停

子女明明跟父母講好打機半小時後開始溫習，可是一小時後仍然坐着打機。當母親走去干涉，子女卻破口大罵，投訴母親累他輸了。母親見狀，感到子女不守信用，惡人先告狀，不停跟子女爭論之前的承諾，列舉過往事件，甚至喝止子女發脾氣。其實母親當時沒有注意子女的情緒，忽略了他的關注是打機輸了的挫敗感。

當遇上子女的負面情緒時，父母可以：

- **接納不高興這種情緒**：「我知道你打機輸了不高興。」
- **表達個人心情**：「但我現在都不高興，因為你沒有兑現承諾。」
- **給時間雙方冷靜，確定雙方解決問題的時間和方向**：「我給你時間消消氣，但之後希望可以討論一下打機和溫習的問題。」

盲點 2：父母害怕接觸負面情緒，怕受傷，情願不理會或遷就

父母給子女買了新手機，不久子女就在學校掉失了，還要求父母立即再買一部。母親不肯就範，子女立刻大發脾氣，用力扔家中的東西。母親一害怕，就想走開迴避。子女竟然攔住母親不准她走，一定要母親答應他的要求。當時母親感覺很害怕，只有勉強承諾再買，打算息事寧人。心想暫時應承，買不買手機日後再算。

這類父母可能對負面情緒敏感和害怕。結果在子女的情緒面前顯得軟弱無力，事事遷就，子女只會變得為所欲為，甚至繼續用情緒要脅父母。可是，問題根本不曾解決。

其實父母可以這樣說：

- 青少年大都很衝動和心急，溝通前，**先要讓子女冷靜一點，放慢彼此的節奏**；
- **反映子女的感受和需要，讓子女知道你明白他**：「我知道你失去手機不開心，想很快替換手機。」
- **不用立即作決定，要緊是保持雙方繼續有商量機會**：「我不想立刻決定，找機會我們好好商量，才決定如何處理。」

盲點 3：父母對情緒沒有清晰概念

中國人比較少表達感受，以為即使不講，對方都會明白，或以為睡醒了明天就當無事，或認為子女可以在很短時間內穩定下來；或不知道子女的情緒可能跟別的事情、雙方關係或過去的負面經驗有關。

女兒放學回來，父親問：「為何今天那麼遲回家？」

女兒一聲不響衝入房間。當時父親心想女兒態度惡劣，又不知她發什麼小姐脾氣。準備吃晚飯時，父親唯有大力拍打她的房門：「要不要我請你出來食飯？」

女兒面黑黑地走出來，沒精打采，匆匆吃了幾口就離開飯桌。當時父親按捺不住憤怒，大罵：「你已經發了這麼久脾氣，為何我們一家人要再忍你的脾氣？」

女兒索性關自己在房間，整晚沒走出來。

父母有時對於子女的情緒感到莫名其妙，事實上有時連子女都未必能清楚表達自己的狀況。如果父母可以對情緒有多點概念和接納，一定有助子女處理自己的情緒。如果父母一時間真的不懂子女想什麼，也不用太心急，你愈急就愈緊張，只會令氣氛更壞。不如讓大家先歇一歇，之後再找機會談。以下是幾種提議：

- **表達你關注子女的狀況：**「我留意到你今天似乎不高興。」
- **尊重子女，給他們選擇如何處理情緒：**「你不高興，想跟我談談，還是想自己靜一靜？」
- **表達體諒，明白子女不會無端鬧脾氣：**「我猜你一定遇上一些不愉快的事。」
- **表達你的期望，同時給子女選擇：**「不過，我希望我們一家人可以一起吃晚飯，又不想你捱餓，即使沒心情都可以吃幾口。可以嗎？」

父母可以繼續表達自己的期望，或者用 WhatsApp 取代面對面溝通，總之讓她明白你的關心。

當子女鬧情緒，他們最需要的，不是指導，而是父母的聆聽。只要你暫時放下身段，不帶批判，願意給他們空間分享感受，已經是最重要的情感支援。

父母情緒軟着陸

父母也是人，當然也有情緒。生活、家庭壓力已經把你壓得半死，家中還要出現一頭小魔怪。父母也因為生活忙碌，久而久之壓抑情緒，快快完成手上的工作便算。當自己可以安靜下來，有時候都會慨歎誰明父母心，又很難要求子女夠成熟站在父母的角度體諒自己，如何是好呢？

父母可以做的，就是好好照顧自己的內在感受。當你遇上子女有情緒時，就想像自己要變成一條羽毛，又輕又軟，在空氣中輕盈軟着陸，具體方法是什麼？

1. 雙方冷靜

讓雙方有冷靜時間，可以向子女說明：「我見你現在很激動，待你冷靜 15 分鐘後再談。」又或者說：「媽媽現在有點激動，我也需要時間冷靜。」之後，**嘗試冷靜地想想子女究竟發生什麼事。只有冷靜，才能創造商量的機會**。

2. 善待自己

受子女刺激之後，可以留空間給自己安靜時間，消化感受。或者向配偶和朋友分享傾訴。**每個人都有情緒。當你學習接納子女的情緒時，也要接納和處理自己的情緒**。我鼓勵你預留時間做自己喜歡的事，吃喜歡吃的東西，討好自己，幫助自己容易在情緒當中軟着陸。

3. 為情緒負責

留心自己的言行。當你跟子女爭吵時，「相嗌唔好口」，子女的情緒會令你煩躁和生氣，而你的言行也可能激發他的情緒，產生正面或負面影響。**家長總要為自己的情緒和動氣負責，必要時，先向子女道歉，以身作則**。

“你有給自己足夠空間調適子女對你情緒的影響嗎？

給父母打打氣

我明白父母面對子女情緒時感到非常難受，一直愛錫和關心子女，換來卻是他們的拒絕甚至反擊，內心實在感到失望和無奈。但請你別灰心，很多時候子女的情緒往往出於衝動，心直口快，沒想清楚就脱口而出。事後，他們內心都會感到難言的後悔。子女的暴風期始終會過，稍為休息一會，又再站起來，子女漸漸會長大的。

本章金句

溝通的心法是情緒沒道理。

練習

練習一：青少年壓力量表

很多時候，青少年的情緒來自他們所面對的壓力。如果父母能夠掌握他們的壓力情況，自然容易掌握他們的情緒。從下列的量表中，可以看到每種壓力的指數。請你估計子女在最近 12 個月內，可能經歷的每一項情況，再統計他的壓力指數。

壓力源	指數
同伴或父母死亡	100
父母離婚	65
進入青春期	65
懷孕（或造成懷孕）	65
跟愛人分手或失戀	65
犯了法律	60
家庭其他成員死亡	60
取消婚約	60
訂婚	55
個人嚴重受傷或罹患疾病	50
結婚	45
進入學習新階段，如升中或升高中或入大學	45
獨立或責任轉變	45
使用毒品或酒精	45
被學校退學	45
變更使用的毒品或酒精	45
和同伴或家庭成員恢復交往	45
在學校惹了麻煩	40
家裏有人有嚴重健康問題	40
上學期間做兼職	35
每週工作超過 40 小時	35
學習環境或課程有變動	35
經常性的約會有了改變	35
有性別適應問題	35
家中增添新成員	35

工作或學校責任有變	35
財政出現問題	35
親近的朋友（除了家人）死亡	30
與同伴或家人吵架次數增加	30
每天睡眠時間少於 8 小時	30
與家人無法和睦相處	30
個人獲得傑出成就（得獎或升級）	25
父母開始或停止工作	25
開學或學期結束	25
居住狀況改變（有客人、裝修）	20
改變個人習慣（開始或停止一種習慣）	20
長期過敏	20
與老師或長輩有了麻煩	20
上學時數改變	20
改變住所	15
轉換學校	15
處於女性經期前	15
宗教活動改變	15
家庭負債或有財政困難	10
家庭聚會次數改變	10
放假旅行	10
暑假	10
輕微犯事	10
總分：	

一般人所能承受的壓力通常處於 150 分左右。假如你的青少年子女在最近 12 個月內的壓力指數在 250 分或以上，他可能承受過大的壓力，也容易出現很多情緒問題。

同時，你也可以為自己評估壓力，只要將有關學習的項目轉換成工作，將同伴或愛人轉換成配偶，就可以了。看看自己的壓力指數如何，究竟自己對子女的情緒有多少承載力。

（資料來源："Social Readjustment Rating Scale" by Thomas Holmes and Richard Rahe in *Journal of Psychosomatic Research*, 1967）

練習二：子女有什麼情緒

細閱下面有關青少年的情緒表徵，指出他們可能有什麼情緒，以及填寫一句回應和關心的説話。注意！青少年很多時候都會用非言語的方式表達個人情緒，所以父母要細心觀察和領會他們的感受。

1. 子女沒有明顯的原因，但會無故哭起來，常常説出很負面的話。

可能情緒是：________________________________

回應和關心的句子：________________________________

2. 子女很怨恨一位老師，不停出口侮辱。

可能情緒是：________________________________

回應和關心的句子：________________________________

3. 子女經常嚷着頭痛胃痛，有時難以入睡。

可能情緒是：________________________________

回應和關心的句子：________________________________

4. 子女成績突然下滑，又無法集中精神做事。

可能情緒是：________________________________

回應和關心的句子：________________________________

練習二建議答案

1. 可能情緒是：抑鬱、傷心。

   回應和關心的句子：你感覺不開心，我會支持你的。

2. 可能情緒是：憤怒。

   回應和關心的句子：你很激氣，老師是否對你做了什麼？

3. 可能情緒是：緊張、焦慮。

   回應和關心的句子：你可能有壓力，最近你有什麼煩惱的事？

4. 可能情緒是：抑鬱、焦慮、煩躁。

   回應和關心的句子：我見你最近的狀態很差，很擔心你，不用怕，我一定會幫你的，可以告訴我嗎？

第二章

講畀你聽，你都唔明，嗌氣！

——了解子女心事

目 標：

如何令子女願意吐露心聲。

技巧：

同理心。

引言

子女悶悶不樂，父母自然十分關心，但面對青少年子女，卻扭盡六壬也「撬不開」他們的口，感覺自己像個傻瓜一樣，又焦急又「面懵」。一方面，你心裏很是擔心；另一方面，他們不賣賬，這份不被尊重、「好心沒好報」的感覺令你氣憤難當。

你可能無法理解，子女到底發生什麼事？不知何時開始好像變成一個陌生人！以前那個天真爛漫的小孩子，放學後會挨着自己說個不停，對他講道理他會乖乖地說知道了……那份親密的感覺，已不復再，十分失落！

處境 女兒拒絕透露真相

小晴因為向鄰班洩露試題，給老師懲罰。回到家裏，一直呆坐一旁悶聲不響，於是媽媽走過來詢問原委。她猶豫着要不要說，擔心媽媽會責罵質問，增添煩惱。

媽媽：「什麼事啦？放學回來好像一直悶悶不樂？」

小晴：「無呀……」

媽媽：「看你明明是不開心，說出來吧！」

小晴：「都話無咯……」

媽媽（開始無從入手）：「怎麼……說吧！我是你媽媽，怎會不知，你平日『竪起條尾』我都知你怎麼想啦！」

小晴繼續不語，眼角卻白了媽媽一眼。媽媽心中有氣，為什麼關心你還要被你白眼？

媽媽：「為何你要這樣無禮！你小時候都不是這樣子，什麼都會對我講的！」

小晴：「……」開始把玩手機。

媽媽：「你這算什麼態度？我不過是關心你！」

小晴：「**講畀你聽，你都唔明啦，嘥氣！**」入房關門！

為什麼子女總是不肯說？

回答這問題之前，請大家先想像以下情景：

> 朋友A外遊，你託他購買一件重要貨品。A回來了，當你向他取貨時，他卻表示從沒答應你！於是你向朋友B訴苦，朋友B不相信，甚至認為你可能根本沒有託A買任何東西。
>
> 你再向朋友C訴苦，朋友C的回應是：「什麼？他說沒答應過你買這麼重要的東西？你一定很激氣！」

你對朋友B和C的回應有什麼感覺？大部分人都會認定朋友B不相信自己，而自己無端端由受害者變成做錯事的人，更加氣憤，心想再不要向他訴苦了；而朋友C的回應則令人感到舒暢，很想向他傾訴更多。

朋友C的回應，我們稱為「同理心」，他持開放的態度，沒有先設的立場，而且能掌握你的感受，令你感到被信任、被明白。

子女不肯向父母透露心事，認為「父母不會明白自己」。他們可能是憑着以往與父母交談的經驗而有這些印象，如導讀所說，**在這個成長階段，他們傾向不欲多解釋，令父母無從入手。事實上，他們心底裏亦渴望有人能明白。**

因此，表達你的明白是讓子女透露心情的重要條件。

“同理心是使子女感到被明白。

如何令子女願意聆聽自己的説話？——先跟後帶

父母除了希望聽到子女的心聲外，更希望教導子女解決問題，父母可以「先跟後帶」的方式與子女溝通：

1. 調整心態

- **開放的態度**：願意聆聽子女一些不同的想法，而不立即加以評論，這樣子女會感覺得到父母的尊重，不會否定他們的感受，也願意真誠溝通。
- **信任子女**：相信子女有能力解決問題，父母可以多使用引導，代替直接教導和提醒。
- **與子女同行**：子女覺得你與他們處於平等的溝通位置，可以一起商討，一起面對問題。

2. 使用同理心回應

同理心的定義是回應對方的遭遇和感受，子女會感到父母聽了並且接納他的感受，更要緊是明白他説話的內容。

為了更掌握同理心的技巧，可以參考一道公式：

你覺得**對方的感受**，因為**對方的遭遇**。

例如：子女說：「我好不容易才買到這對新波鞋，穿了一次就弄污喇！」同理心的回應：「呀？（你覺得）真是很激氣，好可惜呀！（因為）很難才買到呢，想不到穿一次就弄污！」

這樣的回應，是表達你聽到對方的遭遇，而且感同身受，令對方感到被明白。

同理心的作用：

- 疏導子女的情緒；
- 讓子女感到父母明白他，可以信任；
- 給子女冷靜下來，親子間可以進行理性思考，解決問題。

3. 引導

父母以同理心聆聽子女的心聲，待子女情緒得到抒發後，便可引導子女思考解決方法。讓我們用本章的故事示範「先跟後帶」：

向鄰班洩露試題，對父母來說，是非黑即白的是非題，先忍一下，不要責罵，保持開放的態度。

我們先代入子女的角度去想，當子女垂頭喪氣地說糗事，心裏是很難受的，他選擇講出來，很可能是憋不住了，需要別人安撫。如果得不到安撫，反而換來責難，子女很易會「死撐」，硬說自己沒有問題，所以先體諒他們的心情，安撫情緒。

這時子女被老師罰了，一定覺得好沮喪。你的同理心回應可以是：「是呀，很可憐！」

父母切記語調也要配合沮喪的心情，不要太浮誇，也要留意子女的困苦，不要一邊忙着炒菜一邊説，否則子女必回你一句「無嘢啦！」

小晴：「就是嘛！個個都這樣做，我怎能不顧同學的需要。」

「這叫幫嗎？」——爸媽，忍下來！繼續代入他們的想法和心情：當子女覺得「個個都係這樣做」時，他已有猶疑了，否則不用找「不顧」為理由，只是，他一時找不到拒絕的理由，感到很為難。你可以這樣回應：

媽媽：「個個都是這樣做，你不做就會左右為難吧！」
小晴：「係！而且鄰班同學都會說給我知！」

「哎呀！愈説愈離譜！」——爸媽，做得好好了，別功虧一簣！子女的想法是做朋友，當然要有義氣，可能上次同學曾給了她「貼士」，子女不懂拒絕，現在欠了同學人情！所以，如果沒有回報對方，就會被責難，甚至被同輩「唱通街」。所以你的同理心回應可以是：

媽媽：「你覺得不告訴人就不夠朋友，因為人家曾幫你。」
小晴：「係啦！唉……就這樣給處罰。」

你可能覺得，子女的價值觀一路偏差，而你至今都還未糾正！

但請細心想想，此刻子女已將他心裏那「人情」和「道德」的掙扎和盤托出，她能無所畏懼地告訴你，是何等信任你呢！讓我們繼續代入子女：子女一心想維繫朋友的關係，卻要面對被罰的後果，真是「做又死，唔做又死」！

> 媽媽：「你覺得好無奈，好像做什麼都會錯吧！」
> 小晴：「就是了！不知要怎辦嘛！」

4. 教導

如果子女開始平靜，或問怎辦，便是一個重要訊號，顯示他心情已開始平復，可以進行理性思考。此時，切忌給予「你應該 / 不應該」的建議，否則子女耳朵立即關上，前功盡廢。信任子女有解決問題的能力，你可以引導子女思考。**例如，你分享一下類似的遭遇，加強子女對你的信服。如果你有類似經歷，能說出自己的掙扎，子女會感到你就像他們的朋友，一般而言子女都願意聽聽你那時候的應對方法。**

緊記，因為青少年階段的情緒主旋律是煩躁不安，因此父母要掌握說話的篇幅，能在兩分鐘說完的故事，效果最好。

> 媽媽：「我也試過同學想向我借功課抄，那時都感到兩難⋯⋯想到一個對策，就是⋯⋯我好主動幫同學忙，讓他們知道我樂於助人，所以即使拒絕借功課，同學也沒有與我絕交！」

爸媽，你可能有更好的辦法，這時候可以好好發揮出來了！

不要忘記給子女一些鼓勵和肯定：「這件事不容易，可能最初不易做好，但我相信你慢慢可以解決。」

父母都希望子女懂事，而懂事需要經過耐心引導的過程。青少年子女開始嘗試自行解難，並不一定參考父母的辦法；但爸媽不要氣餒，重要的是他們學習經過思考才作出選擇，這有助他們掌握獨立處事的能力。要是遇上更多挫敗甚至做到一團糟，這時候最需要父母給予安慰和肯定，相信他們有能力愈做愈好，這就是子女最希望從父母身上得到的力量。

最後，不論子女選擇如何，都不用介懷，重要的是他們的學習過程，你只要給他們鼓勵和肯定。這樣，子女便會認定與你談話是一個可以坦露真實自己的經驗，父母不但接納，還可以給予「到位」的指導和幫助，達到真誠溝通和教養的目的。

“多站在子女的角度去看，
揣摩他們的感受和想法。

做好父母有何難

使用同理心溝通會遇到的困難

困難 1：我用了同理心，兒子卻「打蛇隨棍上」，要我滿足他的要求，如何是好？

兒子：「我丟失了智能手機，不能與同學 WhatsApp 了，他們做什麼我也不知道，好煩呀！」

父母：「你怕不能夠與同學保持聯絡，會追不上他們的活動吧。」

兒子：「對！快快給我一部新的！反正我都想換最新型號。」

父母：「……」（怎辦？）

明白對方的需要並不等於滿足對方任何要求，與子女的親密關係也不是建築在事事滿足所求。有時子女會向父母明示暗示「你不給我，便是不愛我」，父母只要清楚明白真正的愛包含着管教，便不致動搖自己的界線。

就以上情況，父母可以這樣回應：

父母：「你不能時時與同學保持聯絡，的確很不方便。不過智能手機價值不菲，我不可以立即買給你。我有一部用過的，都可以 WhatsApp，你要不要？」

兒子：「這部款式好舊呀，怎拿出來見人呀？」

父母：「不要緊，你自己考慮一下。不過要小心保管，要是再丟失，就真的沒有手機可用。」

這樣，既諒解子女的困難，替他分憂，又能表明個人立場，溝通才有意義。

困難 2：我覺得子女講的都不是事實，我如何聽？

兒子：「這個老師老是針對我，哼！」

你可能覺得，老師未必故意針對兒子，這只是兒子的主觀想法。你可能擔心兒子對老師有了偏見後，上學會不開心，或者事事跟老師作對。這時你必然很想勸他……

但是請你先以同理心回應。讓我們先放下真假對錯，嘗試代入對方的處境，掌握對方的主觀經驗和感受。請記住，既是主觀的，就不一定是事實。

兒子說出這句話，他的感受是什麼呢？被人針對，一定很生氣、很難受吧！

你只要複述兒子的主觀經驗和感受，不需加入個人主觀見解！這不等於你相信這是事實。老實說，到底老師是針對兒子，抑或只是個別事件，有時雙方都弄不清，所以不宜太快下定論。聆聽兒子主觀經驗和感受，有助疏導他的情緒，然後才引導他用合宜的方法面對。

困難 3：子女投訴我，我也要用同理心嗎？

你見到子女的衣服已穿到發黃有漬，還有些體味，於是拿去洗了，誰知子女回應：「你為何不問我就擅自拿我的襯衣去洗呀？我打算今天穿呀！搞錯？」

面對子女的衝撞，父母自然感到激氣和委屈。你可能覺得，替你洗衣服還要給你罵，還有什麼尊嚴？然而，請記得這是青少年成長階段，子女向你爭取自主權，他穿髒衣服被朋友嫌棄，下次便會學乖，這是子女學習社交之道的過程。

面對以上情況，父母可嘗試多次深呼吸，平伏情緒。如果未能即時對應也不要緊，畢竟被子女指責也是很難受的。你可以表明給大家空間冷靜，然後離開，避免即時衝突。

當情緒穩定，可試以同理心回應子女——

> 父母：「你不喜歡我未問過你就拿你的襯衣去洗，使你感到很憤怒吧。」
> 子女：「係！你知我打算穿什麼嗎？你怎可以自把自為！」
> 父母：「（我明白了）你打算今天穿，現在卻失了預算。」或「（我知道）你希望自己決定，不是我替你做決定。」

這樣，子女會知道你明白他的意思，情緒也會逐漸舒緩下來。

人無完美，父母也不會完全知道子女介意些什麼，這些情況在青少年階段是很普遍的，父母無須介懷，大家好好溝通明白便可以了。

困難4:即使運用同理心，子女的問題仍重重複複，令我很厭煩。

> 子女：「今日A同學很壞，他又欺負我！」
>
> 父母：「這使你回到家也無法平伏吧！他怎欺負你？」
>
> （如是者重複了十天）
>
> 子女：「今日J同學很壞，又欺負我！」
>
> 父母：「唉，你日日都是這幾句！好煩呀！我聽了十日你都只有這句，為何你不能學聰明點？」

不少父母面對這種情況，子女不說又擔心，一旦肯說，同一個問題天天重複，父母天天回應、引導，還是老樣子，真是煩得要命！父母只感到自己的回應好像對他們沒有半點幫助，感到很氣餒，又擔心子女不長進，沒有學懂保護自己。

其實，父母不必太擔心，如果你發現子女每次跟你分享以後情緒都能舒緩，即是說你的同理心已發揮效用了。只是學習社交並非一朝一夕之事，子女重複遇到同樣問題，累積了一些情緒需要找你疏導，也是很正常的。只要持之以恆，你會發現，子女的抱怨會愈來愈少，情緒也愈來愈容易平伏，甚至能想出處理方法呢！

困難5：我用了同理心，子女說我好假。

父母一開始使用同理心，可能會顯得生硬，子女也可能感到陌生，不太相信。父母不要沮喪，只須堅持用真誠的心說話，而且保持一致性，子女終會信任你的。

困難 6：兒子把我氣到七竅生煙了，還如何用同理心？

大概父母都試過當下氣上心頭，什麼技巧也耍不出的感覺，自覺為子女付出那麼多，換來他們的頂撞，很不值得。然而，很多父母事後又會感到後悔，自責為何不能忍一時之氣，甚至疑惑這些技巧有用嗎？

被用心對待的人頂撞真的很心痛，父母的委屈可以理解。的確，新的技巧不是一時三刻便可以熟練，但只要有決心，透過不斷操練，慢慢從同類經驗中調校出相應的心態，運用時可以得心應手。

有時，父母經過一天的辛勞後，容易帶着情緒回家。回家前不妨給自己一些安靜時間，如在公園坐一會，調整一下心情，很有幫助的。

當你運用同理心，向子女表達你是明白他們的，已能促進親子關係。然而建立信任的關係不是一朝一夕的，必須持之以恆，切勿反復無常。此外，同理心能促進親子溝通，是管教的基礎，然而管教仍需要更多技巧，包括持守界線等。

困難 7：因為沒運用同理心，與孩子吵了，要如何補救？

先讓雙方冷靜一下，之後仍可以同理心重啟對話。

> 父母：「你覺得我總是不明白你，感到很失望。」（同理心）
>
> 子女：「不失望了，講了 100 次你也不會明白。」
>
> 父母：（哪有 100 次？真誇張）「堅持講了 100 次，你真的好想我明白呢！」（同理心）
>
> 子女：「⋯⋯」（看來你終於有點明白了）

父母：「爸媽都會心急，忽略了你的感受。你現在能清楚告訴我，讓我更明白你，我很開心呢！希望你以後能繼續告訴我，好嗎？」（我的訊息，請參第三章）

諒解子女的失望，並鼓勵子女繼續表達，是重建溝通管道的重要一步。

在激烈衝突時，難以施展同理心對話，應以降溫為先。你可以參考第七章，如何化解衝突。而第十章亦會講解父母可如何處理自己的情緒。

“運用同理心，先舒緩子女的情緒，
好為雙方創造對話空間。

明白子女的困難

為何子女感到父母不明白他？因為有時青少年子女的説話實太嚇人。

明白青少年子女是很難的！他們好像奉行另一套價值觀，令父母莫名其妙。很多父母教導子女從小就要誠實守規，現今看到子女犯規卻一絲歉疚也沒有。父母愈想愈擔心，於是急急把大道理重複幾遍，子女卻偏偏掩耳不聽！父母先不要着急説道理，讓我們了解一下這是什麼一回事。

「自我整合」的任務

讓我們從導讀「了解青少年的成長任務」的角度去認識。**青少年階段的其中一個成長任務是朋輩認同，所以在這階段朋輩關係幾乎是至高無上的**。子女正值要面對對朋友忠誠和是非對錯的抉擇，感到很為難，須知道處理不慎，不但失去朋友，還可能面對排擠，對他們來説是非常痛苦的！然而，父母師長教導的誠信，仍是他們從少認識的道德良知。故此，他們要學習怎樣整合這兩個重要的價值觀。父母只要捕捉到子女「兩難」的心態，加以引導，可令子女茅塞頓開！

父母難以明白子女的其他原因

除了成長因素之外，父母未能明白子女，還有以下因素：

1. 擔心子女鑽牛角尖

當子女表達憂愁和憤怒時，父母會擔心子女太負面、鑽牛角尖，於是想幫助子女走出來，又說一番道理……等等。本是一番好意，只是從子女的角度，會認為父母不接納他們真實的感受，不說也罷。上一章提到，情緒是很奇妙的，接納負面的情緒，便能化解這些情緒；子女感到父母明白他們，情緒便會好起來。所以聆聽子女的情緒，便是最好的幫助。

2. 以成年人標準看待子女

父母會擔心子女未有獨立處事的能力、學習能力，將來生活會遇到困難，無意間以成年人的眼光和效率去看子女，認為只要懂事，自然能排難解紛。例如對問題應先知先覺、做事應自動自覺、有自制力、時間安排妥當、處處為別人着想……等等。父母可以轉念一想，整個青少年階段都是一個學習過程，以上能力你也是花了很多實戰經驗才能掌握，何況你的子女？盼望父母容許子女在錯誤中學習，學到的是屬於他們自己的。

3. 認為子女無理取鬧

父母覺得子女要求無理，糾纏不休，不勝其煩。例如有子女常悻悻然提起過往父母沒有遵守承諾的事，父母固然認為重提已於事無補，也會希望子女不要記着過去的不快事。然而，對很多子女來說，未完成的心願就像一本打開了卻未讀完的故事書，仍等待着一個結局。他們需要的不是補償，而是父母的理解，只有這樣，他們方能圓滿地把書合上。以守諾為例，父母可以回應：「我明白那承諾對你很重要，當時沒有給你，令你好失望，我都感到可惜。」子女感到父母接納他們的心聲，情緒便會得到舒緩。

4. 與他人比較

父母有時將子女與童年的自己比較，或與其他人比較，難以明白「為什麼自己做到，別人做到，子女卻做不到？」其實這是抽離人物背景而作的比較。例如同班同學，一個在校外活動遇到良師，啟發學習熱誠；另一個卻在打打罵罵的補習社度過，對學習產生恐懼，學習成果自然有天壤之別。另外，成長於 70 年代的人很多都曾經歷貧窮生活，父母均為生計勞碌，疏於照顧。但正因如此，他們有很大自由度探索自己的路，嚐過貧窮令他們更有自發脱貧的目標。現在的孩子一出生已受盡萬千寵愛，學習的競爭氣氛和自由度也大不如前。在這些迥異的背景之下，很難簡單把兩者行為表現比較。

5. 時代文化差異

因成長年代不同，父母有時難以明白子女生活所需。例如資訊科技、網絡文化便是父母很難掌握的，轉變節奏又快，詞彙又多，剛學懂了些知識又過時了，追不到子女的資訊速度。很多父母認為子女使用這些產品是純粹娛樂，但對被稱為網絡原住民的子女來説，資訊科技往往是生活的必需品。

另一方面，網絡也是危機重重的地方，網上沉溺、結交陌生人、洩露個人資料甚至網絡欺凌，時有所聞。因此，父母對子女難以放心，兩代之間會因使用電腦的時間、用途、購買新手機、網絡遊戲點數、探看子女的網上討論等產生摩擦。父母對青少年子女的管教和保護仍是必須的，父母可多聆聽、多明白子女的用意，才加以引導。

青少年在成長發展中為了確立自我，創立獨特的文化，顯示自己跟上一代不同，從他們特有的溝通述語、衣着、潮流、喜好等可見一斑。父母有時會覺得他們說話刺耳，甚至有一代不如一代的感覺。對此，父母可用尊重差異的角度去理解，不必太介意不明白他們的文化，勉強追趕。有興趣的話，可以上網查探資料，或以開放的態度與子女討論。父母也可以有自己的原則，例如向子女表明不可以接受什麼程度的粗俗說話等（詳情可參考第四章）。

> “當青少年遇上生命難題，
> 最需要的還是父母的指導。

給父母的心法

聆聽的力量

同理心重在聆聽。聆聽對方的說話，除了有助溝通、解決問題之外，還能帶來心靈的療癒。

> 一對父女，在進輔導室之前，已吵得不可開交。
>
> 父：「明明約了你，你卻遲大到！」
>
> 女兒：「怎麼啦，只怪你指示不清晰！我問你怎樣來，你只會在電話裏大吵大鬧！」
>
> 父：「我已經告訴你怎樣走，你就是沒有聽我的！」
>
> 女兒：「你才沒有聽我講！」

這個家庭，每天就為着各種瑣事產生摩擦，甚至大動干戈。每次爭吵，他們都指責對方：「沒有聽我講！」他們最渴望對方能「聽」到自己的心聲。他們就像兩部沒有開啟接收器，卻不斷互發訊息的手機，彼此的心意最終石沉大海。

因此，我於輔導過程中先邀請雙方仔細聆聽對方的話，不要急於回應。**聆聽，是要聽到對方的主觀經驗和感受**。按女兒的說法，她在路上聽不懂父親的指示，感到很彷徨，但又怕被父親怪責……原來女兒一直渴望在人生的路上得到父親耐心的指引，給她方向、給她安全感。另一方面，從父親的講述，他憂慮女兒經常遲到，將來上班時會吃虧。原來父親初踏職場便遇到十分嚴厲的上司，令他飽受煎熬，故此一直希望能保護女兒免於自己的「厄運」。

女兒盡訴心中情後，又聽到父親訴説對自己的愛護，眼淚不禁流下，心裏的傷痛也漸漸被療癒。

父母對子女實在有很多美好的心意，只是礙於個人心結，或受外界環境干擾，變得焦急擔憂，連這份良善的心意都遭掩蓋了。

如何使子女對父母有同理心？

青少年最受落身教，只要父母堅持使用同理心，子女也會耳濡目染，對父母和其他人運用同理心溝通。當中最難掌握的是情緒的表達，若子女多聽父母的回應，自會了解和知道如何表達情緒。

不過，在青少年成長階段，子女容易感到焦躁不安但無法排遣。因此，他們傾向即時回應，語帶煩躁，未必容易運用到同理心，請父母諒解。

“請相信，若父母一直學習使用同理心，
子女始終也能明白的。

給父母打打氣

同理心不是什麼技巧，而是具體行動。大部分父母都愛錫子女，懷着良善的期望。而體恤應與期望並存，體恤能令子女感受到父母無條件的愛，更能了解父母期望背後的善意。體恤子女也能幫助父母調校合理的期望；若能藉體恤聽到子女的心聲，陪他們一起渡過，會是多麼美好的時光！

父母有時會擔心開放的態度會縱容子女，後果不堪設想，其實這是子女學習獨立自主的必經階段。開放的討論能引發子女學習思考和選擇，並為自己的選擇負責，對他們的成長尤其重要。

漫漫人生，很多是非對錯、黑白曲直，不是幾句話可以說得清。誰沒有經歷過這些兩難的境況？這些情況由青少年時期開始面對，經過歲月的歷練，慢慢煉成人生智慧。

本章金句

子女渴望在父母面前
能坦露真實的自己。

練習

練習一：同理心的回應

1. 下列哪一個是同理心的回應？
   女兒明天將要參加游泳比賽，她說：
   「我游得愈來愈慢，明天一定出醜人前⋯⋯」

同理心反應是：

(　) 做人應該向前看！別終日唉聲歎氣！只要有信心，就會成功。

(　) 你應該找出自己游得愈來愈慢的原因，加以改善，才有進步。

(　) 你只要盡力就可以了，何必介意人家眼光？

(　) 你沒太大信心，擔心明日表現失準。

2. 兒子向你訴苦：
   「小強明明說好暑假與我一齊參加遊學團。我向學校報名、交了團費，他才說忘了告訴我他改變主意！豈有此理！我一個人孤零零去遊學，日子怎過？我不要再與他做朋友！」

(　) 做人應該寬宏大量，原諒別人過失，否則誰願與你做朋友！

(　) 經一事，長一智，與其怪責小明，不如先反省自己，如何避免同類事情發生。

(　) 小明改變主意又忘了告訴你，使你好狼狽，你一定很惱他。

(　) 你報遊學團，不過為了充實自己，不是為別人而報吧？不要因朋友失約而失去學習的目標嘛！

練習二：辨認對方的主觀經驗與感受

「我不想再做那份小組報告了，明明大家各自負責不同的部分，他們卻沒準時完成，要我承擔他們未做的，我不想做啦！」

例：主觀經驗：同學沒有完成自己的部分 / 同學不負責任 。
感受：激氣 / 好嬲 。

在交談的過程中，回應對方的主觀經驗與感受。為方便掌握，你可以參考以下的句式：

你覺得（情緒字眼），因為（描述對方的主觀經驗 / 遭遇）。
例子：你覺得好委屈，因為同學唔信你無講是非 。

請使用上述句式回應以下的處境。

1. 老師給的功課太難！我不想做功課！你明天替我請假，我不要上學！

____

2. 點解你總係煩我？阿妹都未做完功課，你不如去教她吧？

____

練習三：使用同理心與子女對話

1. 兒子：「喂！我同你有仇嗎！你為何老是迫我吃東西！」

   你的同理心回應：____________________

2. 兒子：「我胖了許多，現在班上人人笑我肥仔！」

   你的同理心回應：____________________

3. 兒子：「我都不想！我同文軒、梓傑日日一起吃飯，他們沒有長胖，只有我長胖了！怎會這樣？」

   你的同理心回應：____________________

4. 兒子：「你知道嗎，文軒打籃球愈來愈勁，梓傑呢，風趣幽默，終日很多同學圍住他倆！我卻愈長愈胖！」

   你的同理心回應：____________________

5. 兒子：「唉，我一向都比不上人，我只是一件廢柴。」

   你的同理心回應：____________________

6. 兒子：「我呢，身邊有誰？終日只有『阿愁』走過來，只一味向我抱怨，又說得不到女孩子歡心，又說給爸爸責罵，不知何解，什麼都硬要告訴我！」

   你的同理心回應：____________________

練習一建議答案

1. (✓) 你沒太大信心，擔心明日表現失準。
2. (✓) 小明改變主意又忘了告訴你，使你好狼狽，你一定很惱他。

練習二建議答案

1. 你覺得好吃力，因為功課太難做。
   句式是這樣沒錯，化為較常用的講法可以是：
   你覺得功課真的太難啦！簡直要命！
2. 你覺得氣憤 / 不公平，因為我只追問你做完功課沒有，而沒有追問阿妹。

練習三建議答案

1. 你不想我給東西你吃？
2. 給人取笑肥胖，一定很難受了！
3. 大家一起吃飯，只有你一個胖了，你覺得「好唔抵」！
4. 你覺得運動不及文軒，說話不及梓傑，很難像他們一樣受同學歡迎。
5. 你感到有點灰暗。
6. 你似乎能吸引別人向你傾訴心事。

第三章

你乜都啱晒啦！

—— 向子女講道理

目標：

讓子女了解你的要求。

技巧：

我的訊息。

引言

父母平日常常要提點子女。可是要提點青少年子女就非常不容易。

日常生活中單是一項小小的家務，父母就要跟子女糾纏半天，還要加上子女放學後有沒有收拾好東西、做功課、吃飯、洗澡……每一件事都要三催四請，子女「甩頭甩髻」，實在叫父母不勝其煩。

處境 兒子拒收拾

兒子每次都答應母親幫忙收拾已晾乾的衣服，但多天過了仍沒有行動。今次，衣服已長掛在客廳裏三日了。

媽媽:「小望，衣服掛在客廳幾天了，你打算什麼時候收拾呀？」
小望（很不耐煩）:「得啦！」
媽媽:「得得得！次次都説得！過了幾天，就是沒見你行動。」
小望:「別吵啦。一陣子就收了。」
媽媽:「什麼別吵，你以為我想常常嘮叨你嗎？經常什麼都拖拉好幾天，我已經沒要求你洗衫，只要你收拾衣服吧，你就是要拖嗎？」
小望:「什麼好幾天呀，上一次都是我收的！」
媽媽:「不是我催促，你會收？」
小望:「哪要你催促呀？」
媽媽:「你總是不肯承認！」
小望:「你成日『屈』我呀！」
媽媽:「整天説我『屈』你！做事總不會自動自覺，又不會想想這是你的家，做家務是你的責任。你這樣懶，將來怎樣在社會上生存……」
小望:「**係啦係啦！你乜都啱哂啦！**」

為何父母難以信任子女？

父母最關注的，當然不是有沒有做好一項家務，而是子女是否有責任感、能否自動自覺，但是這些話對子女講上千遍，他們都好像未能接收，更甚是以一句「你已經講了九千幾次啦！你乜都啱晒啦！」回應。

父母難以信任子女，也因為子女以下的表現令父母放心不下：

1. 子女沒有遵守承諾：子女嘗試自行處事時，因種種原因答應後爽約，他們擔心父母不會體諒而隱瞞；及後遭父母發現，父母因感到難以信任而更多追問，形成惡性循環。

2. 子女透露太少：青少年子女為了守護自己的空間，不願對父母透露太多自己的事。回答父母的詢問常含糊其辭，令父母感到不安。

3. 行為屢勸不改：當子女不直接與父母溝通時，父母感到難以幫助子女。很多時提醒子女後，子女只敷衍道「得啦！」卻沒有行動，或表現懶懶閒，再追問也只有同樣回應，更易令父母感到不放心，擔心包容變了縱容。

4. 情緒表達激烈：父母感到子女很諸多隱瞞，卻對父母的提問以激烈情緒回應，引致雙方衝突多過溝通，難以建立互信。

“父母提醒而子女迴避，一追一逃，
形成不信任的惡性循環。

父母如何表達要求：先跟後帶

父母表達要求，往往也需要先跟後帶，一方面要掌握子女的意願和限制，另一方面可讓子女感到你的明白，放下防衛；然後父母才表達自己的關注和要求，這樣雙方的溝通才見效：

1. 檢視自己的心態

- **表裏一致**：父母留意所表達的話要心口如一；
- **開放和信任**：與子女討論，信任子女經思考後做的決定，子女的選擇可能不如你的理想，但請接納他們仍處於學習階段。

2. 運用同理心

使用同理心聆聽子女的意願和限制，讓子女感到你明白他們。（請參考第二章）

3. 使用「我的訊息」

如第一章所說，人與人之間的對話要包含「事、理、情」。對話要有「情」，包括自己的「情」和嘗試明白對方的「情」，就是所謂情理兼備。

這章介紹一種名為「我的訊息」的技巧，有助父母更容易說出「事理情」。

「我的訊息」是指描述在特定情景時你所看到的具體行為，說出你的感受和原因。要掌握「我的訊息」，可以先認識一道公式：

「（在特定情景下子女的具體行為），我覺得（自己的感受），因為（原因）。」

例如：

- **表達感受**：父母說：「上星期你承諾替我安裝電腦軟件，但等了幾天你都未安裝，我感到有點無助，因為我不熟悉電腦，真的好需要你幫忙。」
- **表達你的期望**，給子女一些具體的引導或商討出路：「你什麼時間有空替我安裝軟件？」

「我的訊息」的好處

- 向子女傳遞父母的要求和心情；
- 父母的描述只集中在事情和個人感受，不涉及指責，子女會感到被尊重；
- 不太容易引發子女的爭辯；
- 較能幫助子女反思個人行為，願意改變。

如希望討論順利，便應在溝通過程中更多使用同理心，聆聽子女的意願和限制，子女也會感到你與他們同行，放下防衛。最後，以「我的訊息」明確表達父母的要求，較容易尋求彼此的共識，收管教之效。不過父母使用時要注意，「我的訊息」不宜表達憤怒等強烈負面情緒，以免變成發洩。如果雙方情緒激烈，宜先離開現場降溫。

先跟後帶練習

1. 用「我的訊息」表達感受 / 開始溝通

首先你可以感受一下自己的情：兒子幾天都未收拾衣服，對你有什麼影響？你的心情如何？你可能感到很不便，而「旗海陣」實在有礙客廳景觀。因此你可以「我的訊息」作開場白——

> 媽媽：「小望，你承諾替我收拾晾乾的衣服，但這些衣服晾在客廳已經幾日了，我沒有衣服可以替換，只好從衣架直接取下來，很不方便！客廳掛滿衣服也不好看。我想你在衣服晾乾後儘快收拾。」

你可能認為，此刻你充滿憤怒，而子女「叫極都唔做」，可否直接表達憤怒？例如：「我覺得好嬲，因為你叫極都唔做！」

本來憤怒是人之常「情」，可是一旦表達憤怒，便會按捺不住連珠炮發，最後罵過不停！然後，兒子也只會回應：「你成日鬧我！」對話又再終止。為了持續的良好溝通，還是先按下怒氣，表達自己的「不方便」便可。

當然，當你用「我的訊息」表達了感受後，子女不一定聽從。不過，大部分人對「我的訊息」較易入耳，引起對抗的程度較低。所以，在你表達了感受和要求後，子女的即時反應很可能是：

> 小望：「得啦得啦！我一會去收！」

2. 以同理心明瞭對方

此時你的怒氣可能又湧上心頭，感到他態度晦氣，似乎在敷衍你。第二章提過，溝通的不二心法是「忍耐！」讓我們先嘗試以同理心和兒子交談，明白他們多些吧！

媽媽：「你似乎不太想做？」
小望：「有誰想做家務呀？」

經過第二章的訓練，此刻你應知道，就算腦內浮起「只有你不想做，你以為我就好想？」之類的話，也請放在心中。繼續以同理心多談一會吧！

媽媽：「你覺得媽媽迫你做家務？」
小望：「當然……以晾衫為例，既然天天要穿，為何要收入衣櫃？」
媽媽：「你認為這件事是多餘嗎？」
小望：「當然！你還要整天在催，其實你這樣『好煩』呀。」
媽媽：「這麼多道理，真的『好煩』呀！」
小望：「就是了！我上次收衫後，你只會說應當早做好，還要叮囑我下次要快快做，做了又做，為了什麼？幾時停！」

如果你打算與子女糾纏於「既然都要穿，何必收入衣櫃」是什麼歪理的話，便會失去焦點。**子女之所以發出這種「歪理」，是他們找不着做事的意義**。

3. 以「我的訊息」表達感受和道理

這時你可以使用「我的訊息」來回應：

媽媽：「你說的有道理，我應該要多謝你替我收衫，這樣我才有時間休息，我真的好高興。」

不要期望青少年子女會給你很甜美的回應，不過這些說話會使他們感到暖意。

用「我的訊息」向子女表達你的謝意後，也可解說要求子女做家務的想法和感受。其實催促子女做家務也是一份苦差，而父母的心意也不只於此：

> 媽媽：「我都不想催促你，大家都辛苦，但我也不想見到這麼多衣服天天掛在客廳，更希望你答應做的事可以完成。」
> 小望：「那麼我下次快快做吧！」

4. 設法協助子女完成責任

你可能對於子女的承諾半信半疑，畢竟已不只第一次食言；但不信他，又要爭吵起來。與其理論，不如協助他們「具體」完成任務。

> 媽媽：「好吧！不如你先替我收拾客廳這批衣服？」
> 小望：「我一會兒後去收。」（沒有確實時間，並不具體。）
> 媽媽：「好的，一會兒即是什麼時間？」（表達具體的要求。）
> 小望：「哎……呀……收拾衣服好悶呀……」
> （子女表達拖延的真正原因，是好事。）
> 媽媽：「你覺得一個人做很悶。你有什麼建議呢？」
> （同理心，落實具體的安排。）
> 小望：「……不如我收拾時，你在客廳陪我，一邊談一邊做，可以嗎？不那麼悶。」

兒子這個建議夠具體，可以「收貨」。但你可能已想昏倒，家務已夠忙，還要陪他，不如自己做好了！

且慢，協助子女建立習慣真的不容易，但這些習慣能讓子女一生受用，你的付出是很值得的。前文提過，對子女來說被父母所愛的感覺是很重要的。雖然青少年子女不會宣之於口，但若你細心留意，他們往往借故希望父母陪伴。很多家長的經驗是，在陪伴的過程中，子女還會主動透露心事，實在是意外收穫！

“對子女來說，最重要的回報是被父母愛錫，感受到父母的欣賞和感激之情。

做好父母有何難

使用「我的訊息」溝通會遇到的困難

1. 以「我的訊息」指出子女的行為問題，為何吵架收場？

爸爸：「還未開飯，為何雞髀和雞翼都不翼而飛？」

兒子：「我剛才太肚餓，吃了。」

爸爸：「我覺得好失望，因為你好自私，吃掉最美味的東西，不理其他人感受！」

兒子：「我肚餓嘛，你一開口就只會罵人！」(吵架收場)

爸爸的確用了「我覺得好失望」來表達感受，已經很有進步，值得嘉許！問題出於「你好自私」這句話，使用「我的訊息」時，最理想是**客觀描述子女的行為**(例如：「你把雞髀和雞翼都吃光」)，**而不揣測他們的動機**(例如：自私、懶惰、小器……)。你可以這樣表達：

爸爸：「……肚餓的確要吃東西！(同理心)不過我感到有點失望，因為你把雞髀和雞翼都吃掉，其他人就吃不到了。我希望你下次可以説一聲，而不是偷偷把東西吃光！(我的訊息)」

這種說法，子女明白你只是針對行為，而不是他的人格，他們也較能掌握你的期望。

2. 為什麼我已經說「我覺得……」，子女還是生我氣？

> 媽媽：「阿女，你答應我10時前會回家，結果12時才回來。我打電話給你，你又不接聽。我覺得你沒有理會我的感受，沒有遵守承諾，我不知以後怎能信任你了！」
> 女兒：「那麼你以後就千萬別信我好了！」

媽媽不斷用「我的訊息」，為何女兒仍會光火？原來媽媽只在「你的訊息」前加上「我覺得」！所以，千萬記得，「我覺得」後面是個人感受，例如開心、難受、緊張等等……要表達的是「情」。

那麼，媽媽的感受是什麼呢？好不容易等到子女回家，恨不得好好大罵一頓。但正如上文所說，表達怒氣，下場慘烈。與此同時，當刻的感受先是鬆一口氣而不是憤怒，只有把這種關心之「情」傳遞到子女心中，溝通才有意義。

> 媽媽：「阿女，你答應我10時前會回家，結果12時才回來。我打電話給你，你又不接聽。我一直很擔心，不知你會否遇上什麼意外，直到你回來，我才放下心頭大石。」

當子女感受到自己在父母心中的重要位置，才會珍惜自己，提防意外。

3. 使用「我的訊息」後，子女行為仍沒有改善，怎麼辦？

有一位爸爸自白：兒子每天打機打不停，每次吩咐兒子「收機」，結果都是大吵一場。即使運用「我的訊息」，結果也沒兩樣。

「我的訊息」不只是一種技巧，而是心態的調整，父母透過表達個人想法和感受，代替直接指出子女的錯處，讓他們清楚明白父母的要求和背後的好意。但要子女行為改變，父母需要言行一致。在打機的例子上，很多時父母勸喻子女停機，會因怕子女大吵大鬧而難以堅持到底，或是自己憋不住氣而與子女大吵一場，甚至大打出手，最終無法有效定下界線。

定立界線是一項耐力賽，父母在要求子女停機時，需要以耐性堅持，並能控制個人情緒；這樣，才能給子女一個訊息，父母是控制大局的。因此，溝通要加上一致的行動配合，才能達到有效的管教。

> “運用「我的訊息」，表達父母之情，
> 注意對方感受，建立親子關係。

為何子女不願接受父母的提點？

如導讀提及，青少年正值發展獨立自主階段，由應如何思考、如何做決定以至如何處事等，都很想自己來。因此，青少年對父母會有這些期望：

1. 期望被信任

雖然很多父母無意要看扁子女，可是提點、建議本身有一種我高你低的意味，會向子女暗示，父母認定他們做不來，所以需要父母指導，這正是青少年感到不爽的原因。子女經過提醒才會做，會變得依賴，不利發展自動自覺的能力，也不是管教的好方法。青少年很多時做事有頭沒尾、答應了沒做等，往往不是故意，有時只是未掌握處事所需的周詳計劃和當中的人際溝通，**父母可在給予任務時同時加入具體的引導，幫助他們計劃。**

2. 期望被諒解

父母糾正子女行為時，往往因為太心急，期望一蹴而至，忽略了改變需要漫長的過程。父母要因應子女的意願和限制，調校期望。例如要求青少年子女妥善保管自己的物品、不要遺失，原是合理，可是如果子女從來在自理方面都欠佳，或是專注力不足，要一蹴而就，往往難以如願。對這些子女，**如果父母能欣賞他們逐少的進步，給予正面回饋，才有利建立新行為。**

3. 期望被肯定

有否遇過以下情景：某次過節你在家裏款待夫家親戚，一直在廚房煮個不停。可是大家飲飽食醉後一哄而散，竟然沒有一聲多謝。你收拾殘局後，不禁問：「我咁辛苦為誰？」丈夫回應你一句：「這是你為人新抱的責任！你埋怨辛苦？我日日上班也很辛苦嘛！」你會有什麼感受？大部分人都會感到十分氣憤，認為辛勞付出是不值得的，別指望再有下一次。這類講道理的內容缺乏了對付出的人欣賞之「情」，聽的人就會感到冰冷。

不過，如果夫家親戚的反應是大加欣賞，丈夫又十分感激你的付出，你可能會想：「我的努力是值得的，我下次要煮得更好！」

提點子女也不能只顧講道理，子女難免要回一句「你說什麼都是對啦！」「頂心頂肺」之餘，心裏又不服氣。**換另一個角度，如果子女完成了家務，即使你不大滿意，仍表達讚賞和感激，他們就會相信自己的付出是值得的。**

4. 期望被尊重

父母指出子女的行為問題，是希望他們改善，出發點往往是好的，可是子女總「駁嘴駁舌」，為什麼呢？可以先重溫媽媽的話：例如：「你打算什麼時候收拾呀！」「你以為我好想常常嘮叨你嗎！」有沒有留意對話中，媽媽的話多次以「你」開始，這些內容我們稱為「你的訊息」。**大部分人都會抗拒「你的訊息」，感覺像被對方指責，使人立刻進入防衛狀態，加以反駁。**

此外，有時父母很生氣、很着急，會無意中罵孩子：「你好懶」、「你那麼蠢！」。有時父母想以激將法，迫子女反省、改善。可是這些說話口不對心，反而令子女十分反感，而且使子女焦點變得模糊，搞不清楚父母不滿的行為是什麼。所以，父母的提點宜針對具體行為，例如：

- 「我叫了你三次，你還未起身」代替「你咁懶」；
- 「你這樣做，步驟會多了」代替「你咁蠢」；
- 「我託你買的東西你買錯了」代替「你好無用」。

5. 期望被包容

父母常常指責子女，「你成日都係咁」、「你次次都不記得」、「你永遠都不改」，子女聽在耳裏，會認定父母翻舊帳，針對他過往的錯處，而忽視他們的付出（哪怕只有一次），甚至「睇死」他們。這樣會引發子女的極力防衛，令爭拗升級，形成惡性循環。

因此，最好的溝通，就是只集中在眼前，避免數算過往的「罪證」；也切勿在事後收集罪證，以免引起對方反彈，不利愉快的溝通。

"掌握青少年的需要，
才能達致互信的溝通。

給父母的心法

讓子女更明白你的愛意

明儀的兒子今年 13 歲，明儀供書教學，用心栽培兒子，不知怎的，兒子卻不領情，常與明儀發生衝突。有一次兒子哭着對她呼叫：「我到底是你的兒子嗎？你那麼憎我，為何要把我生下來？」令明儀感到很震驚。

來到輔導室，明儀盡訴自己的淒酸，表示不明白為何兒子會覺得自己憎恨他。於是，輔導員引導兒子表達心聲。兒子表示感覺不到母親為他好，只道母親一直以來只會罵他。例如他出街，明儀便會說：「穿那麼少，病了不要麻煩我。」一旦病了，她又會說：「不聽我的話，『抵你死』！」因此，兒子生病時，情願暗自辛苦也不告訴她。有時兒子有自己的主見，明儀會說：「你這樣做，長大後『實乞食』！」兒子氣憤，堅持我行我素，但心裏誠惶誠恐，擔心媽媽的咒語成真。有一次，兒子表示功課太忙，吃不消，請求母親幫他退出一些課外活動，母親卻問他：「你是否智商有問題？」令他十分氣結，與母親爭吵起來。他覺得母親當他是一隻棋子，隨意擺佈，不容許他有個人主張。

明儀初時聽不明白，感到很委屈，輔導員明白她愛錫兒子的心，可是兒子接收不到。因此，明儀慢慢學習如何表達自己的心意。初時明儀感到很困難，因為在她的成長中，沒有人對她這樣溫言婉語。她記得年幼時有一晚回家，她的父親對她說：「這麼夜才回來，豈不知樓梯口有男人會跑出來強姦你？」嚇得她對樓梯有很大陰影。輔導員這才明白，原來她的原生家庭有說反話的習慣。

從自身的經驗，明儀明白說反話的禍害。於是，她重新學習說表裏一致的話，例如：「我擔心你穿太少會着涼。」「我擔心你這個做法會行不通。」「我聽到你想減少課外活動，很擔心你是否跟不上學習進度。」

明儀透過這種表達方式，漸漸發現自己真的很多擔憂，致使她經常以負面角度看兒子，兒子也認為母親不信任他。明儀慢慢學習給兒子自主的空間，體恤兒子，又多些讚賞他，例如：「你當然不想生病，這種天氣很易使人生病。」「我見你會衡量時間分配，那我給你自行做決定！」明儀又發現，當她這樣說之後，重新發現兒子的優點：「為什麼以前老是看不見？」

終於有一次，明儀准許兒子參加一個一星期的野外營。兒子回家後一直黏着母親喋喋不休，講述自己的驚險旅程，晚上看電視時更摟着母親，因為他知道母親愛他；她也努力克制自己的擔心，讓他振翅高飛。

現代父母都有機會接觸親子教育，知道教導子女要讚賞、要用對方法，可是受制於個人的成長經驗，每每在「肉緊」的時候，不自覺使出自己童年經歷過的管教方式，畢竟這是最熟悉的方式。上一代父母的傳統思想，「疼」在心裏、「讚得多會囂」、「着緊」子女是用罵的，但在今天卻不合時宜了。開口講「情」雖然不是每個人都習慣，卻是最直接讓子女感受到你的愛意。

“父母的着緊，背後要訴說的是情。

給父母打打氣

父母對子女有要求有期望，出發點往往是愛，但以擔心來包裹時，容易揠苗助長；相反，若以恆久的忍耐和信任包裹，在子女重複的挫敗卻仍對他們有信心，就會看到子女的能力增強。在子女的成長中，父母只是澆灌者，叫人成長的是創造主，急也急不來。創造主創造了不同「品種」的子女和成長歷程，父母則以忍耐和信任幫助他們開花結果。子女可能是木棉樹，在早春時分火紅一片；又可能是桂花樹，在深秋帶來滿室花香，不管怎樣，都可以在不同時分祝福相遇的生命。

本章金句

子女接受要求，
源於父母的愛錫和欣賞。

練習

1. 兒子在一個星期內連續兩次遺失八達通。你決定暫時不再給他購買新的八達通。

   你的回應：______________________________

   ____

   ____

2. 你與女兒逛商店途中，你被途人碰撞了一下，反被對方指罵，女兒大罵反擊，你強行拉走她才停止衝突。

   你的回應：______________________________

   ____

   ____

3. 女兒生同學的氣，把罵這位同學的話放上公開的社交羣組。

   你的回應：______________________________

   ____

   ____

4. 兒子答應只使用手機半小時，卻沒有遵守承諾，你要求關機後，他發了一會兒脾氣。

   你的回應：______________________________

   ____

   ____

建議答案

1. 你連續兩次遺失八達通，我知你不是故意。（同理心）不過我暫時不再替你買新的，並非不信任你，只是擔心你還未想到好的方法保管。（「我的訊息」）我明白沒有八達通，你會很不便，不如一起想想怎樣保管這東西。（引導）

2. 謝謝你替我出頭，我知你着緊我。（讚賞付出）不過我不想你在街上與人吵架，也怕他會傷害你。其實你願意聆聽我埋怨幾句，我就已經很安慰，我們可以繼續開心行街就更好了！（「我的訊息」）

3. 他到處説你的不是，難怪你惱他。（同理心）不過你把這種説話放上羣組，他一定不會罷休，以後會招來更多麻煩，我不想你再受到傷害。（「我的訊息」）你可以考慮其他方法，代替放上網？（引導）

4. 看來半小時不夠用。（同理心）不過你既然答應了，希望你能守承諾。我給你手機只是想給你輕鬆一下，要是剛才不阻止你，我擔心你之後不夠時間做功課。（「我的訊息」）不如你做完功課之後，一起商量用手機的時間？（引導）

第四章

我不會聽你講！

——與子女商量

目標：

幫助子女學習如何與父母商量、
學習自主和自限。

技巧：

商量的原則與技巧。

引言

有一天，過去千依百順的寶寶開始吵鬧着:「你好煩呀！」或「唔得！我一定要！立即要！」你的子女很大可能已經進入「反叛期」。你既感到要來的終於來了，可能也會訝異「為何如此早就來呢？」即使你已經作了心理準備，面對反叛的子女可能仍然無所適從。

反叛期代表什麼？**反叛期代表青年人開始學習自主，學習獨立，嘗試擺脱別人的意見和指示。同時，他們會認為「聽話」是一種幼稚的表現**。因此，父母容易遇到子女「駁嘴駁舌」。

面對子女的無理要求、不聽話、反駁，有些家長只會一味説「不」；有些家長則會感到無法招架，頭腦愈轉愈慢，之後七孔生煙，啞口無言；有些家長不斷跟子女空洞地拉据，永遠收不到管教果效。

處境 兒子討價還價

David自從升上小四開始要求玩電腦遊戲。母親早已跟他約法三章，說好每天只可以玩半小時。David一直堅守這約定，母子相安無事。可是，當David升上小六後，母親擔心的情況終於出現了。David打機的時間總是比預期長。母親有時嚴厲制止，有時只要兒子不太過分，就隻眼開隻眼閉。這樣渡過了小學階段。

不料，David升上中一後，情況日益嚴重。以前，David遇上母親阻止，便會乖乖收手；現在他任意妄為。母親心想要設法應付。一次，兒子放學回家又想開電腦打機。

David心急地說：「媽，我想打機。」
母親開始質問他：「想打機？你做了功課沒有？」
David回答：「功課不多，我要先打機！」
母親想起他之前多次的表現，就說：「不可以，你打了機，就沒心機做功課。」
David反駁：「我會用心的。」
母親堅持地說：「你無！你次次都只會說，看你上次……」
David更固執地回答：「**我一定要！我不會聽你講！**」
母親開始發怒：「不准！」
David也開始發怒：「我一定要！不打機，我也不會做功課。」

母親怕再爭拗下去也沒意思，唯有説：「你要打多少時間？」

David 斬釘截鐵地説：「一小時！」

母親心想一小時一定變成兩小時，就還價説：「半小時！」

David 決絕地説：「一小時！」

母子二人就這樣拉据。母親感到很疲累，不想拗下去，而且是時候要預備晚飯，於是説：「我不理你！」

最後 David 也不管母親，逕自打機去。這一晚，David 足足打機三小時。母親心裏又憤怒又難過：「為何這兒子話極都唔聽？」

與子女商量的兩條腿

和子女商量很重要，這是給他們機會學習討論和自我約制。

上面例子可見母親跟兒子商量時出了問題。他們只是爭拗可否打機或者可以打機多少時間，討論根本沒方向。方向的意思是母親是否有清晰的原則，否則子女就容易為所欲為，或者強詞奪理。另外，母親也忽略了子女的情緒變化。情緒在討論中佔很重要的作用，人在情緒高漲時比較難聽進別人的説話，甚至有時會利用情緒攻擊對方。

與子女討價還價時，要有兩條腿。**一條腿叫原則，原則可以是小原則**，通常是約定和規條，例如先做功課後打機；也可以是大原則，通常是核心價值和後果，例如打機不可以影響做功課。**另一條腿是前文介紹的同理心和「我的訊息」，為應對子女的情緒狀態**。

兩條腿一定要並行。當子女遇上原則（第一條腿）時，通常會反抗，反抗產生情緒，父母便要接納他的情緒，認同有情緒是自然的事（第二條腿）。**這就是我們常説的「恩威並施」的道理，前者是威，後者是恩**。

試用上面例子示範。

David 心急地說：「媽，我想打機。」

母親不慌不忙地回答：「你清楚我們談過要打機，先要做好功課吧！」（要他回想之前的承諾和原則）

David 回答：「功課不多，我要先打機！」（子女通常會討價還價）

母親堅持說：「我知道你放學回來自然想打機，但我們一早已說好先做功課，才可以玩。」（堅持原則）

David 央求：「給我先打一次。」

母親保持淡定說：「你今天為何那麼着急要打機？」

（試嘗了解子女心態）

David 愈來愈焦慮地說：「我和同學約好四時一起上線打機。」

母親說：「原來你約了同學，不想失約。」（同理心）

David 說：「那麼你快給我吧！」

母親安撫他說：「我知道你很焦急。（同理心）不過，你也要明白我的感受，你害怕向同學失約，你也可能失掉跟我的約定。」

（我的訊息）

David 更焦急地說：「我一定要！」

母親點頭說：「你很着緊。（同理心）我也替你緊張。（我的訊息）不如你給同學電話說推遲一點，例如五點半，你儘快做好功課，豈不是可以打機打得更盡情？」（給予另一個可能建議）

上面示範跟原本的故事不同之處，在於母親之前只理會兒子想打機可能破壞親子協定；而示範中的母親卻感受到子女心情焦急，這種發現會影響商量的方向。

另外，在示範中，母親最後給予一條新的出路，就是建議兒子另訂時間，既能解決何時做功課和跟同學的約定，同時給子女下台階。

“商量時要有原則，也要有同理心。

商量的法則

以上兩條腿的介紹是基本的法則，要使討論和商量更有效，父母還須要留意以下的步驟和法則。

1. 適合地點和時間

按着商量事情的敏感度、重要性和所需時間，決定適當的時地。如果事情是重要和敏感的，最好約定一段大家都比較餘裕的時間和空間，免得匆忙了結或情緒容易高漲。

2. 充足預備

上文的示範中，母親可給兒子另謀對策。在緊張情況下，父母未必能夠急謀對策。父母可試試就着要討論的事情，預先和配偶或朋友交流討論如何應對、有什麼原則底線和子女不守約的後果等，有助遇到相關情況時有清醒的頭腦回應。

3. 語氣要溫和肯定

本書一直強調情緒佔溝通很重要的位置，會影響討論的效果。想子女情緒穩定，思考理性，父母的情緒及語氣很重要。**子女容易假設父母「什麼都不准」，所以心底會一直存在不安。父母要保持討論氣氛不至於造成衝突，語氣要保持溫和**。另外，青少年通常給父母的印象是衝動的，要即時滿足。他們之所以衝動，都是腦部發展自制力的部分仍然未完全成熟。父母在氣沖沖的子女面前，切記要堅定，平心靜氣。

4. 先聆聽子女的心聲

父母有時會感到，青少年的表達容易流於表面和膚淺，只說了要求便算，未必會深入地解說內心想法。這可能因為他們心急，不會仔細描述自己的想法，或者未學曉清晰地表達。你不要單就表面要求衡量事情，要深入了解子女究竟想要什麼，想說什麼，方能有效找出可行方案。

5. 清楚自己的原則和底線

底線的好處讓孩子知道有什麼可以商量、有什麼沒商量餘地。通常，教養上有三個關於底線的層次：

- **沒商量餘地的：**例如關乎個人和他人安危、犯法的事或校規。
- **須要商量的：**例如關乎個人品格、影響彼此關係的。
- **不一定要商量：**例如時間運用、生活習慣、吃什麼、穿什麼、玩什麼。

以上只是一個比較籠統的分類。當然隨着子女愈長大，他的自主範圍理應愈大，不一定要商量的事也愈多。而且，父母也要衡量子女過去的表現和自律能力而釐定。無論如何，父母既要有底線，也要學習放手。有些父母連子女帶雨傘或者看電影都視為沒商量餘地，這是不必要的。**今天青年人都從網上汲取很多知識，也能分辨對與錯。更理想的做法，就是父母不假設他們不懂，反而先假設他們懂，了解他們的觀點。**

6. 表示可以協商，儘量找出可行選擇

如果雙方的意見和要求不同，讓子女知道父母願意商量，願意聆聽，願意讓步，希望儘量找出可行的選擇。可以的話，鼓勵子女先想想有什麼目標或解決方案，父母再給意見。

7. 清楚説明結論及違約的後果

雙方要清楚訂明協議，切忌含糊，言出必行；也要説明一旦子女未能守承諾會有什麼後果。有些後果是自然發生的（例如不努力溫習就會不及格、不準時就會遲到），有些後果由父母和子女協定的（例如懲罰、延遲獲取的東西）。有些父母過分保護子女，不讓子女承擔後果，或者不了了之，都會令子女學不到要學的人生功課。有後果的作用是要子女學會自制和評估後果。

8. 讓子女參與商量

雖然討論結果未必一定完美，當子女願意平靜地商量，就要予以肯定，鼓勵他下次繼續用這方式討論。如果事情未能解決，或者子女情緒開始失控，可以另約時間再談，今天未有決定不等於日後不可行。

以下是幾個不同處境的範例，給家長參考。

處境 吃什麼

兒子每次外出都嚷着要吃日本菜，但父母覺得子女太霸道。

兒子：「我想吃日本菜。」

父親：「你為何每次都說要吃日本菜？」（聆聽子女的心聲）

兒子：「我們很久沒有吃過。」

父親：「上星期已經吃過了。」（澄清事實）

兒子：「你一味說日本菜貴，所以不准吃。」

父親：「我不是這意思。吃什麼畢竟是一家人的事，全家一起商量，不能只由你一個人決定。」（說明原則）

兒子：「那麼，你和媽媽一定不會選日本菜吧！」

父親：「如果你今次願意聽大家意見，我應承下次讓你先選擇。」（願意協議）

兒子：「好吧！一言為定。」

父親：「多謝你肯跟我商量，我很高興。」（肯定他的參與）

女兒想開 Facebook 帳戶

女兒：「我想開 Facebook 帳户！」

母親：「我從無聽你提過，為何突然提出？」（聆聽子女的心聲）

女兒：「因為很多同學都有。」

母親：「你大概想和他們多點聯絡了。」（同理心）

女兒點頭。

母親：「你以為我會怎樣想？」（讓子女了解父母要求）

女兒有點猶豫：「你怕我會花太多時間玩 Facebook？」

母親：「對，證明你真懂事。你覺得每天可以有多少時間玩 Facebook，又可以兼顧讀書？」（儘量找出可行選擇）

女兒：「我想……半小時？」

母親：「但你每星期有兩天放學後要補習。你再想想如何處理這兩天。」（持續找出協議）

女兒：「真煩……這兩天就不玩 Facebook 吧！」

母親：「好，一言為定。每天可以玩半小時，除了補習那兩天，好不好？」（清楚説明結論）

女兒：「好！」

母親：「如果做不到呢？」（清楚説明違約的後果）

女兒：「嗯……一星期不能玩 Facebook！」

母親：「一言為定。我看到你真的長大了，非常合作，我對你有信心。」（肯定她的參與）

處境 女兒要買一套貴價衣服

女兒：「給我買衫。」

父親有點驚訝：「為什麼要買一件 1000 元的衫？」（了解事情和子女心聲）

女兒：「我要參加派對！」

父親：「什麼派對？什麼時候？」（了解事情）

女兒：「校際派對，下個月 10 號。」

父親：「多謝你對我說，不過我想跟你商量一下用這個金額買衫的事。」（肯定他的嘗試，邀請商量）

女兒略有不滿：「即是你不想買！」

父親：「我沒有說不買，只想跟你一起商量。」（強調要商量）

女兒：「有什麼好商量，買就買，不買就不買。」

父親：「你長大了，爸爸就當你是成熟的人可以商量。我知道你很心急，但商量要心平氣和。」（強調爸爸可以商量、同理心）

女兒心急地說：「究竟你買不買？」

父親：「你想買一件怎麼的衫？為什麼這樣昂貴？」（了解事情）

女兒：「同學都穿這款式。」

父親：「1000 元真的比較貴，爸爸也很少穿這樣貴的服裝，不知道有沒有其他選擇？」（提出其他考慮）

女兒：「你只是左問右問，究竟買不買？」

父親：「爸爸很想了解你，也想跟你討論。不過，你現在的情緒

似乎不冷靜，待你冷靜後，傾談才有意思。我們什麼都可以商量，明天再傾吧！」（氣氛不適合討論，情願再約定時間）

從各類例子你會看到，未必每次商量都有美滿結果，有時會不歡而散。請不要灰心。青少年的子女對於跟父母討價還價仍然處於學習的階段（對父母而言，也是學習過程）。學習當然有得有失。我鼓勵父母要視商量不單是討價還價，更是彼此交流，彼此認識的過程，目的是增進關係。

“商量是父母和子女一同經歷的學習過程。

做好父母有何難

要灌輸怎樣的價值觀

很多父母會疑惑，究竟給子女的約定要多鬆多緊，何時鬆，何時緊。世上當然沒有一條方程式和定律，不過父母必須思考這個問題。以下幾個部分，我們從不同角度了解父母的價值觀、權威和管教模式。

1. 父母的價值觀

上文多次提到原則和底線，這些都與父母的價值觀息息相關。**你有什麼的價值觀，就設定什麼的原則底線。**可是，有些父母甚少想到價值觀這件事，因為平日已經忙於應付不同的時間表和要求。有些父母明明知道培養子女的品格最重要，但當面對學校的要求時，就不自覺地將學業放在第一位，最後變成樣樣都重要。如果父母能夠檢視自己的價值核心，自能在管教上分辨優次。

很多青少年問：為何要讀書；而沒有太多家長能給出一個令子女心悅誠服的答案，這反映一般家長甚少思考這個問題。當你要求子女讀書，究竟帶着什麼目標和價值觀？

目標	價值取向
好成績可以進入大學，將來找份好工作	成就和美好生活（搵食）
做個負責任的人	個人品格
獲取更多知識	知識可以發展思維
獲取快樂，有滿足感	無悔和快樂的人生

不同的價值觀會影響父母對子女的要求，及向子女灌輸怎樣的思想。

2. 權威的調校

隨着子女漸漸長大，父母感到逐步失去權威，再無力管教；而子女想爭取「話事權」，學習自我認同及獨立自主，正如前文提過，這是青少年的發展任務，為作成人而預備。其實父母的權威一直都在，只是要有所轉變和調校而已。

權威不是一種高壓和獨裁，而是一份「尊重和責任」。這是雙方的關係。子女要對父母尊重，而父母向子女行使權威時，也帶着一份責任，即父母向子女負責。例如，父母要對 12 歲子女的行為負比較大的責任，所以子女要相對順服父母；當子女已是 16 歲，他需要為自己負責，所以給他的自主權就比較大。例如：

在同一情況下，對 12 歲的子女可能說：「**我希望你可以做你想做的，不過我們事前要商量一下。**」

對 16 歲的子女可能說：「**我想你可以自己決定去哪裏玩，不過作為父母，我都考慮你的安全。所以請你先告訴我們會去哪裏、跟什麼人一起去、何時回家。那麼我們會感到安心吧！**」

對於後果的討論，不同年紀的考慮因素都不同。對於年幼的，要比較具體；對於年長的，可多分析後果和表達父母的感受。如果向 16 歲的子女仍然只說懲罰處分，他可能會蔑視地說：「我一定要做，你阻不了我！」例如：

有關後果，對 12 歲的子女可能說：「**如果你不守約，明天就不可以外出。**」

對 16 歲的子女可能說：「**我選擇相信你。但如果你像上次一樣失約，我會很失望。而且，你該知道下個月就考試，你也希望考試及格升班，所以好好分配時間。**」

“商量要因應你的價值觀、子女的心智和情況，不能一刀切。

給父母的心法

認識你的管教風格

當你管教子女時，我鼓勵你同時要檢視自己的教養風格，因為你的教養風格會影響你如何與子女商討。有一道家長經常問的問題，就是「父母應該是子女的朋友嗎？」

我會這樣回答：父母在子女面前扮演不同角色，包括父母、老師、供應者和朋友，朋友只不過是其中一個角色。而父母跟子女的「友誼」只在於一起玩樂、交流和分享，**所以父母與子女的關係是似朋友，而不是朋友**。父母和朋友不同，要對未成年的子女負最終的責任（當子女成年，就另作別論）。如果你發現自己不能和子女成為密友，不用氣餒，你還需要扮演很多其他角色。

至於不同父母也有不同的教養風格。以下是幾種常見的類型及例子（12 歲子女要和同學去露營）：

專制型父母：對子女非常嚴格，要求子女完全的服從，非常執著是非對錯。他們的子女可能比較不敢冒險、對權威人士有依賴或害怕。例如：「**不准！如果你試着偷偷去，我不會放過你。**」

威信型父母：比專制型的父母較為溫和，相對容易溝通。他們在對子女的個人要求和願望，及父母的領導期望之間，嘗試找平衡點。他們堅定但不強求，有原則但不嚴厲。例如：「不，我不希望你這個年紀就跟同學去露營。待你升上中一之後，我們才考慮，或者有老師陪伴下，我也可以考慮。」

寬鬆型父母：多數容許子女參加露營，對子女很寬容，避免衝突。他們可能擔心阻止會阻礙子女的創造力與自由。不過，子女長期活在寬鬆的標準下，一旦父母要收緊控制，子女可能會反抗。

放任型父母：幾乎什麼都不要求，近乎絕對自由。不過子女會感覺父母漠視他們，甚至沒有回應子女的真實需要。

可能你會覺得自己比較近似威信型和寬鬆型，或者有時都會出現其他面貌。事實上，每位父母都可能混合了不同的類型；又或者隨着子女長大，風格也會轉變。重要的是父母能夠經常反省和自我檢視，多留意子女對你的反應。

“你的父母是哪一類型的父母？
你喜歡嗎？你討厭嗎？
與你相似抑或不同？

給父母打打氣

有沒有想過，你的管教風格受什麼影響？會否與你的原生家庭有關？一個在專制型家庭成長的人，他日可能變得懦弱和寬容，為的是不想重蹈父母的覆轍；一個在缺乏愛的家庭成長的人，他日可能變得放任（因為對親職感到迷茫），或者走向另一極端，就是變成專制型（以為用控制可以保護子女）。

可能你會困惱，如果一個人在不健康的家庭長大，會否一定變成不健康的父母呢？當然不會，做父母要知道，原生家庭只不過是其中一個參考而已。家長仍然有很多機會學習和實踐成為稱職的父母。

可能你有時會覺得自己做得不夠好，子女總是不聽話。你的眼光要長遠一點，也要有信心，只要你用心陪同子女成長，走過這段崎嶇不平的青少年山路，未來你一定會在他身上看到成果。你今天為子女做的每一件事、說的每一句話、陪伴的每一個時刻是有功效的，這些都已存入你們關係的戶口。子女未來的快樂，就是完整的存款回饋給你。

本章金句

權威不是一種高壓和獨裁，
而是一份尊重和責任。

練習

練習一：自我檢視

嘗試檢視自己是哪類型父母，用 1 至 10 衡量自己的強烈程度，10 代表最強，而 1 代表最弱。

要求子女服從：

- 你給自己幾分？____
- 你與所認識其他的家長比較，你的分數是：____
- 你與自己的父母比較，你的分數是：____
- 你與配偶比較，你的分數是：____

對於給子女多少自由：

- 你給自己幾分？____
- 你與所認識的其他家長比較，你的分數是：____
- 你與自己的父母比較，你的分數是：____
- 你與配偶比較，你的分數是：____

對於你和子女關係的親密程度：

- 你給自己幾分？____
- 你與所認識其他的家長比較，你的分數是：____
- 你與自己父母和你的關係比較，你的分數是：____
- 你與配偶比較，你的分數是：____

你覺得自己和配偶傾向是哪類型父母（可選擇多個）？你滿意嗎？

	你	配偶
專制型	☐	☐
威信型	☐	☐
寬鬆型	☐	☐
放任型	☐	☐

你覺得你的父母傾向是哪類型父母（可選擇多個）？你滿意嗎？

	父	母
專制型	☐	☐
威信型	☐	☐
寬鬆型	☐	☐
放任型	☐	☐

以上練習可請配偶為你做一次，讓你從他人的角度檢視自己。之後彼此分享你們什麼時候是哪類型的父母。

練習二：檢討與子女商量的過程

列出最近與子女商量互動的三件事件，說明當中你所持的原則，可以清楚與子女溝通這原則嗎？

事件 1 ______________________________

子女的要求：______________________________

你的原則：______________________________

與子女交流的過程：______________________________

子女的反應：______________________________

結果：______________________________

所花時間：______________________________

你滿意嗎？為什麼？______________________________

事件 2 ______________________________

子女的要求：______________________________

你的原則：______________________________

與子女交流的過程：______________________________

子女的反應：______________________________

結果：______________________________

所花時間：______________________________

你滿意嗎？為什麼？______________________________

事件 3 ______________________________

子女的要求：______________________________

你的原則：______________________________

與子女交流的過程：______________________________

子女的反應：______________________________

結果：______________________________

所花時間：______________________________

你滿意嗎？為什麼？______________________________

第五章

你就是睇死我！

——建立子女自信

目標：

學習欣賞和肯定子女，提升自尊和動力。

技巧：

有效讚賞子女。

引言

子女是自己親生的，父母怎會討厭他們，怎會不覺得子女優秀，或者不希望他們有朝一日很優秀呢？可是，很多家長比較容易欣賞人家的子女，總感到人家的子女比自己的聽話、易教和優秀。因此不少家長懷疑是否自己出了問題或者做得不夠好。我對你說，愛子女的父母就是好父母。請你不用懷疑。

每對父母基本上都知道讚賞、欣賞對青少年的重要。「讚」這個字表面很簡單，實踐出來卻不容易。有時父母以為自己已經讚了他們，卻沒收到半點果效。

弔詭地，問題可能是你太愛子女。有愛，就有期望。當期望愈大，父母就愈着緊子女的表現；愈着緊，就愈難看出他們的優點，反而發現處處都是可改善和進步的地方。而且，青少年給你的難題多多，每天都製造烏事使你動氣。如果有一百件事，他們有九十九件都是「差」的，「好」的只有一件，如此你怎能讚得出口呢？

處境 子女聽不到讚賞

Candy 的女兒 Stephanie 讀書不算勤力，但因為有點小聰明，小學時總是次次過關，成績名列前茅，所以 Candy 相對感到安心，只會間中提點女兒。當 Stephanie 剛升上中一，Candy 看着她的成績不斷下滑，女兒似乎不太在乎，有時放學回家仍游手好閒，Candy 自然開始擔心。

Candy 雖然明白中學課程與小學的不同，理應對女兒更多體諒；但是她知道女兒一向對自己要求不高，做事得過且過，如果中一還不開始發力，之後就更難追上。

一天，Stephanie 給母親看學校派發的中期成績表，Candy 心裏已經擔心起來。一看之下，發現女兒的成績雖然不太差，但大部分都是 B，心裏想：「唉！竟然一個 A 都不見！第一學期還有一兩科 A。」

Candy 勉強地對女兒說：「OK，幾好！」她停了一停，心裏開始想：「如果讚賞她太多，怕她心存僥倖，以後不會再努力。」於是接着說：「其實……你認為還有什麼進步空間？你還可以做什麼？」

Stephanie 卻嚷着説：「B 已經很好吧！」

Candy 正色道：「你怎能對自己沒要求？你都未盡全力！」

Stephanie 不耐煩地說：「**你常常都這樣說！還有別的話嗎？你從沒有讚過我！你就是睇死我！**」

Candy 一心以為好聲好氣，提醒一下，女兒竟然大發脾氣，一手把成績表掉在地上，悻悻然走進房間，大力關上門。

Candy 一個人坐在沙發上，呆在當場，心裏反復地想：「我不是已經讚了她嗎，怎能說我沒有？」

讚得無效，只因沒看見

上述處境中母親的困惱是，明明已經讚了子女，子女卻接收不到。皆因讚的技巧和心態出了問題，令讚賞果效被大大削弱。看看以下示範：

母親：「讓我看看你的成績表……」（看見沒有A，心裏可能有點失望，但提醒自己要先肯定子女，放下理想標準）

母親：「我看見很多科都有B，很好呀！其實不容易，是嗎？」（看出好的地方，也肯定她的付出）

女兒鬆一口氣：「是呀！」（子女開始感覺安心）

母親保持溫柔聲線：「你為何感覺不容易？」
（先聆聽子女的感受和心聲）

女兒苦了口臉：「今次的考試卷特別艱深！」

母親：「原來如此，那麼你真是做得很好。你滿意嗎？有不滿意的地方嗎？」（一方面肯定她的付出，也可以聽多一點她的心聲）

女兒:「英文科可以好一點。」（子女因為感覺安全，才說出真心話）

母親：「為什麼？」（不要立即要求她改善，先了解她的想法）

女兒聲音也壓低了：「我知是溫習不夠。」

母親點點頭，表示肯定：「你知道出了什麼問題，我真的很欣賞。如果你知道怎樣做，就可以了。有什麼困難，我和爸爸一定會幫助你。」
（先肯定，不用太快要求改善）

這位母親做了什麼？她只是不斷提醒自己：不要先查找不足，不要先教訓，要肯定子女、肯定子女、再肯定子女。父母最大的試探當然是想立刻告知子女要改善的地方。這種心態沒有不妥，問題卻出在太早及太快指正，而忽略了肯定。**提高青少年的動力和動機有很多方法，始終讚賞和肯定是最佳又最正面的**。要是親子關係比較惡劣，父母更要用以上方法改善關係和溝通。

另一方面，案例中的母親有一個信念，就是相信她的女兒，相信她曾經付出、遇上掙扎困難想改善和進步，也知道自己問題所在……很多時候，子女不需要父母再三提醒，否則他們一定投訴你煩。

你可能會問：要是子女讀書沒心機，考試不及格，我怎能信任他呢？問題在於你有沒有看到子女美善的一面，就是他們的特質和長處。

“選擇看子女美好的一面，信任他們。

要看得見，讚得具體

看見子女美好一面很重要，因為父母看得見，才能從心裏讚得出口，而不是唸口簧、唸對白，變成了西方式掛在口邊的 good, excellent 和 well done。**如能發現子女的特質和付出，就可以讚得實在，讚得具體**。稱讚的目的是令子女對自我把握得更實在，更認識自己，以致增加自信。

以下是一些父母可以看得見和讚得具體的方法：

1. 沒有理所當然

很多父母都認為子女聽話、努力讀書或幫手家務等是應分和應該的，還需要讚賞嗎？其實，世上沒有一件事是理所當然的，如果父母常常帶着感恩的心，就會為別人（包括子女）的付出和所做的事，以欣賞和感謝回應。

> 反面示範：「你一早就要執拾自己的房間吧！」
> 正面示範：「我很欣賞你願執拾自己的房間，看！現在多整齊！」

值得一提的是，父母有時會用自己在學時的情況去衡量子女，忽略了今天的課程和要求可能比上一代高很多，子女付出和面對的比上一代多。

2. 見微知著

很多父母會將讚賞的標準定得很高，子女未達某一水平，根本不值得讚，例如成績沒有 A，沒什麼好讚；比賽沒得獎，沒什麼好讚。父母只着眼大成就，可是大成就不會天天發生。父母可以看平凡中子女的小行為，例如用功做功課、教弟妹溫習，或者幫你洗菜等微細的事。如果你對這平凡的小事予以肯定，必定為子女添上光彩。

反面示範：「洗菜，很小事而已，根本不用你花太多時間。」
正面示範：「你替我洗了菜，實在幫我省了很多時間。」

3. 讚賞成果，也讚賞過程

單看成績才可以給個 like，那麼就難以開口。很多事情（包括學業）使青少年充滿掙扎與挫敗，不是上一代可以體會的。要明白，嘗試是一種勇氣，付出已經是一種成就，即使成果達不到你的標準，也請你看見子女的付出。所謂「無功也有勞」。

反面示範：「你上次通識科不及格，今次又不及格，這叫讀書嗎？」
正面示範：「你的分數已經比上次進步，我看到你的付出。你滿意嗎？」

4. 要發掘子女好的一面

人有很多面，視乎你如何看。子女表面做事慢吞吞，換個角度看是仔細謹慎；子女説話牙尖嘴利，換個角度是能言善辯；子女事事懶懶閒，換個角度是輕鬆沒壓力。

反面示範：「為什麼你要與那麼多朋友玩 WhatsApp，你有很多時間嗎？」
正面示範：「你似乎有很多朋友。你的朋友都很喜歡你，是嗎？」

5. 讚賞成果，更讚賞本人

很多父母雖然讚賞子女，子女卻接收不到，原因是讚賞沒實質、沒焦點。讚是看子女這個人，肯定他是個「怎樣的人」。

當子女本來不願參加一個艱苦的訓練營，最後卻完成了：

> 反面示範：「今次『幾叻』！」
> 正面示範：「訓練營這麼辛苦你都完成，看出你真的很有毅力，說得出做得到！」

6. 讓讚賞產生意義

有些年輕人會輕看一句稱讚，認為在 Facebook 也容易得 like。父母的讚賞與網友的 like 不同，是個啟發過程，讓子女明白他所做的事，對自己、家人或社羣有什麼意義。所以，父母要看見子女所做的事的意義。

例如女兒起初推搪去探望祖母，最後勉強去了，可以對她說：

> 反面示範：「你總是要三催四請才肯去探婆婆。」
> 正面示範：「你肯探望婆婆，她會很開心，覺得你關心她。我也很欣賞你學懂關心別人。」

7. 讚賞不為下一個要求

讚賞不是一種誘導子女的手段。父母往往用「yes...but」的說話方式，剛剛讚賞完，就接着批評，或要求「下次都要這樣」，但父母應該看見今次事件的重要性和獨特性。

例如子女為你做了一項家務：

> 反面示範：「你今次做得很好，記得下次都要這樣！」
> 正面示範：「你今次做得很好，多謝你，我很高興。」

8. 非言語的讚賞

中國人比較含蓄，有時家長感覺直接讚賞很肉麻，有些家長即使口在讚賞，卻木無表情，沒有半點興奮。讚賞的意思是什麼？就是與子女慶賀（celebrate）他的「好」（goodness）。不妨善用一些非言語的讚賞，例如笑容、眼神、拍肩頭、豎起拇指，甚至擁抱，都是無言但重要的讚美。

> “讚賞，重量更重質，是一種心態，
> 更反映你是否全方位認識你的子女，
> 看見你的子女。

做好父母有何難

提升青少年的自尊

今天這一代真的常常需要別人讚賞嗎？這是很多父母的疑問。他們感覺今日的青年人在溫室長大，經不起風浪和批評。某程度上，我認同這一代比以往的人脆弱，不是因為他們能力低，而是他們所面對的跟我們上一代不同，在學校所承受的壓力也今非昔比。

今日青年人身處重成績成就的社會，加上競爭激烈，容易迷失自己，看不清自己的特質和優秀之處，只懂比較，而且往往感覺給人比下去。表面上，他們給父母驕傲的印象，實質內心極其自卑。

讚賞，不是為了討好子女，不是收買子女，更不是一種操控的手段，這樣他們永遠學不懂自立，將來也會埋怨你。**讚賞，其實是一種助力，幫助子女建立健康的自我形象，這樣青年人的內心會感到實在，增強信心面對不同的挑戰**。這就是自尊。

什麼是自尊？簡單來說，就是子女對自我價值的看法。這些看法往往受別人影響，而最主要的影響來自家庭。可以說，自尊的建立與父母對子女的看法息息相關。你怎樣看他們，他們就會怎樣看自己。

有心不怕遲

有家長對我說，以前對子女多批評少讚賞，當子女升上中學，父母已經改善自己的做法，可是子女仍然反應激烈。以下是一個例子：

> 有一位母親在女兒小學時常罵她不用心。當女兒升上中一，母親下定決心不再罵她，只沉着氣教她功課，即使見她不專心，也嘗試不動怒。可是，自己的耐性已到達頂點。不料，一次母親平心靜氣地指出女兒的問題，女兒卻說：「你又罵我！」母親頓時感到很無奈。

為何母親說一兩句平常話，已經令子女大發雷霆？這情況源於人的大腦有一種情緒記憶，這種記憶會影響我們的心情，以及對人的看法。如果子女在成長中一直感覺父母諸多批評，便牢牢地建立了對父母的印象，感覺父母不會欣賞自己，更會將父母的任何意見都以同一種心情解讀。即使一句平常話都被當成很惡意的批評，這種感受偏差往往令父母摸不着頭腦。

不要灰心，有心永遠不怕遲。遲起步比不起步好。**試用以上方法，大力肯定子女，儘量定睛在他們的「好」上，持之以恆。**我見證不少家庭的經驗，一個月、幾個月或半年後，子女感受到父母的善意，漸漸改善對父母的態度。

鼓勵代替批評

子女有時確實會出錯、不聽話，家長當然讚不出口，有些還認為「子女是要教的，不指出他的問題，他不會知錯」。但是，教不等於批評。批評帶來的結果是青少年的反抗和不滿，更會削弱或貶低青少年的自尊。**其實很多青少年都知道自己錯在哪裏，只不過口硬愛面子，不肯即時向父母示弱。**

另一個極端是軟弱的父母明明看到子女不妥，也不懂得如何指出子女的問題，怕他們容易受傷。

批評就是指出對方的錯處和問題，鼓勵卻包括兩個重點：

- **讓子女了解父母感受和反應**，就是前文的「我的訊息」，以「我」這個字而不以「你」這個字開始陳述。簡單地，可以用「我覺得……」開始。
- **讓子女知道自己有能力去實踐。**如本章所講，看見和信任子女的能力和良好的動機。簡單地，可以用「我相信你……」開始。兩者結合會讓青少年學懂向別人反應及確認自己的能力。

1. 女兒沒有按照你的吩咐收拾房間

批評：「你的房間好像打完仗一樣，你不覺得嗎？你想誰替你收拾？」
鼓勵（忍耐）：「你的房間這樣混亂，我看了覺得很不舒服，也覺得你用得不舒服。（我的訊息）我知道你知道如何收拾。我給你時間。你說需要多少時間？（看見能力）」

2. 兒子去學校旅行時，貪玩弄傷了腿

批評：「你就是頑皮，才落得這種下場！」

鼓勵（憂慮）：「你知道我很擔心嗎？（我的訊息）我知道你可以判斷什麼是危險的，你下次要小心了。（看見能力）」

3. 叫女兒到廚房幫忙，她卻不專心

批評：「你洗過的碗髒得如未洗過！又要我再做！」

鼓勵（感激）：「我多謝你的幫忙，覺得你肯幫手。（我的訊息）不如我示範給你看，我信你會學得到。（看見能力）」

4. 兒子的英文成績不佳

批評：「你的英文成績又得D？你究竟有沒有用心？」

鼓勵（失望時）：「我覺得有點失望。（我的訊息）我知道你也想成績好一點的，不如我們一起商量如何改進吧！（看見能力）」

5. 兒子口衰衰詆毀你，罵你：「你好低B！」

批評：「你知不知自己說什麼？很沒禮貌！」

鼓勵（忍耐）：「我知你貪玩。（有時可以加入同理心）但你這樣說令我很難受，你知道嗎？（我的訊息）其實你懂得尊重別人，不應說這種話。現在我不再與你說話，直至你對我說對不起。（看見能力）」

6. 兒子以粗口罵同學

批評：「你知不知你似什麼？就似一個『爛仔』！」

鼓勵（忍耐）：「我知你可能很生氣。（同理心）但我聽到你講粗口，感覺很不舒服，也擔心你習慣講粗口。（我的訊息）其實你有能力控制自己的表達方式。（看見能力）」

以上例子說明，父母的目的都是推動子女做得更好，藉此建立他們。鼓勵是最有效的方法。**父母可先從不批評開始，對子女說：「你已經長大，我決定不罵你，我信任你能夠做到。」**從今天起，嘗試一天不責罵子女，看看有什麼轉變。如果成功的話，嘗試兩天，之後三天、五天以至一星期，再接再厲。

開始之後，不妨看看子女對你的態度有何改變。當中，你更要留意自己的轉變和心情，可能會發現自己最忍耐不到的地方在哪裏、一向執著的地方在哪裏，或期望在哪裏……這個必定對你的教養效能有很大幫助。

“鼓勵比批評更有效幫助子女建立自尊。

給父母的心法

為何仍然讚不出口

知易行難。很多父母都知道讚賞的重要，然而困難不在技巧，而是關係和心態。現時社會充滿負能量，部分原因是家庭都充滿負能量，父母覺得子女不達標，子女因此也覺得自己做得不夠好，最可悲的是，父母也覺得自己做得不夠好。大家活在社會無形的壓力下，哪看出可以稱讚的地方呢？

以下提出幾點讓父母反省，期望轉換心態，成為充滿正能量的父母。

1. 壓力影響期望

父母對兒女總有期望和要求，期望子女有成就無可厚非。但今天家長的確四面受敵，即使你嘗試不理會周遭事情，來自社會和教育制度的壓力和衡量人成敗的標準。現實是學校或是其他家長都迫你要玩這個遊戲。之後，他們就成為你的壓力來源之一。如此，叫你怎能不看重成果成績？不提升對子女的要求呢？

父母對子女有期望是必須的，但如何做到期望而非強迫？**訂立期望最好的方法，是與子女一起商量和擬定目標，讓他們可以參與，**

同時讓大家深入了解期望背後的因由。當父母在討論過程中，看到子女有自己的想法和期望，已經漸漸長大，心中一定會替他們高興。這份喜悦就是推動父母欣賞子女的內在動力。

2. 沒有標準的標準

標準其實是一項很玄的事情。上一代的學業標準與今天已經很不同，又例如，每間學校和每科對及格和高分的標準也不同。很多時候，家長只有一個很籠統的概念，就是愈高分愈好，做事愈進步愈好，凡事總要精益求精。情況就像一間企業每年要訂立比上年更高的回報指標，而不理外在環境，不理資源分配。最後，受苦的都是員工。

另一個更玄的標準叫「盡力」。很多父母都叫子女盡力，或者批評子女沒有盡力。其實盡力的概念很主觀，很含糊。子女對盡力的標準可能和你很不相同。

所以，標準需要量化，需要具體，最好運用第四章的方法跟子女一起商量。商量時要讓子女多表達，而不是父母一言堂。當家庭能夠建立一種開放的分享氣氛，子女會説出遇到的困難，甚至他們的標準，這標準會連結於他們的目標，例如想什麼科目得什麼分數，將來可以做什麼。標準，其實關乎目標和自信。

3. 想事事完美

青少年給父母的印象是得過且過，凡事留力，或者將自己的期望降至很低。如此怎能叫父母不擔心呢？**很多時候，父母把自己的標準放在子女身上，內心充滿着矛盾和擔心，自己常常感到無形的緊**

張，容易忘記子女的好處，反而只着眼在子女犯錯的地方。這種情況，自然令子女覺得父母諸多挑剔，不會讚賞。

青少年的行為當然有許多令你看得不順眼的地方。不過，除非他正在做危險事，否則你有時可以考慮隻眼開隻眼閉，放棄要求完美。你愈放寬你的標準，雙方關係才更有改善。

4. 每個子女都有限制

有些父母看不見子女的限制，有時父母並非看不見，而是不願見，不願接受這個事實。例如當子女其他科目成績不錯，就不願見有一科不及格；明明子女充滿體育潛質，卻不願見子女不是讀書材料。有時家長也不知不覺間將子女跟別人比較。比較之下，總會發現子女比別人弱。以上不安出於父母的擔心和焦慮，怕子女不成材。這種害怕有礙父母看見子女的潛能。其實某方面有限制，就代表另一面有優秀地方。哪個子女不出色？在乎你看見與否。

“你的子女能否從你獲得足夠的肯定和鼓勵？

給父母打打氣

父母要讚賞子女，初時會不習慣，但只要肯嘗試，子女是感受到的。

很多人在成長中都缺乏父母的肯定和欣賞。因着沒有這種經驗，他們成為父母以後，的確難以在子女身上實踐。我甚至發覺有些父母本身的自尊感不太高，有些則對自己很苛刻，希望成為廿四孝父母。當子女出現問題，就想盡辦法解決子女未完善的事，甚至懷疑自己。**子女不是父母的成績表。當父母可以放下這塊心頭大石，就可以放心去扶持青少年子女**。

心理學上有一個概念叫「夠好的母親」(good enough mother)，意思是母親盡了個人責任，就足以得滿分。世上沒有完美，只有夠好。做夠好的父母要覺得子女夠好，同時覺得自己也夠好。你們每一個都是夠好的父母，請你欣賞和肯定自己的付出。即使今天子女仍然反叛不聽話，也不能抹煞你多年為他的付出和心力。世上沒有人可以取代你的功勞。請你頒一個好爸爸、好媽媽獎給自己。

夫婦也要學習互相肯定，丈夫不要一味批評妻子不懂教兒女，妻子也不要常常投訴丈夫不顧家，多看配偶的付出和優點，頒獎給丈夫和太太。這樣也可以為家庭建立一套欣賞文化。

本章金句

讚賞是一種正面的助力，為青少年增能。

練習

練習一：為讚賞作準備

如果你總是難以發現子女值得稱讚的地方，可能是你還未做好準備，或沒有空間思考。嘗試回想子女不同的行為，即使極之微不足道或者不明顯的，都一一寫出來。這些事情可以是他令你開心和安慰的正面事件，或者他為別人的付出和貢獻。

你不用一下子寫出10項，可以把這個表隨身攜帶，每當記起就寫下。

1. ______________________
2. ______________________
3. ______________________
4. ______________________
5. ______________________
6. ______________________
7. ______________________
8. ______________________
9. ______________________
10. ______________________

完成練習一之後，不要收起，希望你試試向子女分享。請你拿着這張清單，給子女看，告訴他為何你這樣想。之後，記下他們的反應。

____

____

練習二：欣賞自己和配偶

有時對自己最苛刻的人其實是自己。如果父母經常在子女身上找錯處，等於在自己身上找錯處，覺得自己教得不好。欣賞子女之前，父母先要學習欣賞自己。試用下面列表，寫出五項你作為父親或母親的優點、付出和努力，之後再寫上配偶的，最後彼此交換和分享。

自己

1. ______________________________
2. ______________________________
3. ______________________________
4. ______________________________
5. ______________________________

配偶

1. ______________________________
2. ______________________________
3. ______________________________
4. ______________________________
5. ______________________________

練習三：鼓勵練習

上文提到，用鼓勵代替批評，這練習不容易。我們慣用批評教導和指正子女。記得，鼓勵的方向是説出「我的訊息」（用「我覺得」開始）及信任子女的能力（用「我相信」開始），從而給予正能量，讓子女感到他們有能力去做。

1. 子女很晚還未上牀睡覺。（你想他早點上牀睡覺。）

   我的訊息：＿＿＿＿＿＿＿＿＿＿＿＿＿＿＿＿＿＿＿＿

   鼓勵：＿＿＿＿＿＿＿＿＿＿＿＿＿＿＿＿＿＿＿＿＿＿

2. 子女開了冰箱拿東西吃，又沒有關好。（你想他以後緊記。）

   我的訊息：＿＿＿＿＿＿＿＿＿＿＿＿＿＿＿＿＿＿＿＿

   鼓勵：＿＿＿＿＿＿＿＿＿＿＿＿＿＿＿＿＿＿＿＿＿＿

3. 子女答應你一旦遲回家就打電話通知你，卻忘記了。（你想他以後有交帶。）

   我的訊息：＿＿＿＿＿＿＿＿＿＿＿＿＿＿＿＿＿＿＿＿

   鼓勵：＿＿＿＿＿＿＿＿＿＿＿＿＿＿＿＿＿＿＿＿＿＿

4. 子女因為貪玩，弄壞了家中的電器。（你想他以後小心。）

   我的訊息：＿＿＿＿＿＿＿＿＿＿＿＿＿＿＿＿＿＿＿＿

   鼓勵：＿＿＿＿＿＿＿＿＿＿＿＿＿＿＿＿＿＿＿＿＿＿

5. 子女不知在哪裏掉了大門鑰匙。(你想他以後小心。)

我的訊息：____________________

鼓勵：____________________

練習三建議答案

1. **我的訊息**：我（覺得）擔心你太晚睡，會影響健康。
   鼓勵：我相信你知道充足睡眠對你很重要。

2. **我的訊息**：我見你還未關好冰箱門，的確（覺得）不滿意。
   鼓勵：我相信這件事對你只是舉手之勞。

3. **我的訊息**：你沒有消息，我（覺得）很擔心，而且不知道何時可以煮飯。
   鼓勵：我相信你下次會記得通知我一聲。

4. **我的訊息**：我（覺得）不高興，因為又要找人修理。
   鼓勵：我相信你懂分寸的。

5. **我的訊息**：我真有點生氣，不過我知道你很焦急，生氣也沒用。
   鼓勵：你嘗試慢慢回想，可能會想起掉在哪裏。如果想不到，也沒法子。以後小心一點。

第六章

你都唔明白我！

——接納子女的個性

目標：

接納子女與自己不同的個性特質，因材施教。

技巧：

對子女另眼相看。

引言

青少年期的子女常常跟父母對着幹，你叫他向東，他就偏向西；叫他向西，他就偏向東。有時不一定是他們反叛，而是他們的性格和風格與你實在南轅北轍。所以，家長一直渴望他們做到的事情，他們總是辦不到或不肯辦，例如執拾房間、做事專心、做人踏實……有家長甚至半開玩笑半帶着無奈對我説，有時懷疑子女是否自己親生的，為何跟自己像是兩個世界的人，開始不曉得如何和這個「異類」相處。

每個人都有自己的性格傾向和長處，有人文靜，有人好動，有人主動，有人被動。配偶還可以揀，子女卻沒法揀，因為他們的個性和特質很大程度上是天生的，不受父母控制。大部分家長對子女已有相當認識，最初不以為意；可是，當孩子進入青少年期，他們的個性會愈見突顯，跟你的矛盾愈大。究竟如何帶着矛盾與他們相處呢？

處境 火星撞地球的母子

Susan 的兒子 Alex，14 歲。自從他升上小四，母子的關係就開始惡劣，常常為了很多生活瑣事爭執。Susan 做事細心，井然有序，守時守承諾。可是，Alex 卻是個粗心大意，慢條斯理，率性而為的孩子。你可以想像，火星撞地球，怎能相處？

Susan 打算送 Alex 到外國升學。她為了要兒子負點責任，所以找了幾間外國學校的名字，叫兒子找資料、研究和選擇，希望他可以在離港升學前，在處事上有一點改善。

然而，Alex 一如以往，沒有立即去做，Susan 就罵他：「自己的事都不着緊！」

Alex 反駁：「如此着緊有需要嗎？還有時間！」Susan 已經氣上心頭，唯有再忍。

到了最後限期，Susan 繼續逼迫他。可是，Alex 卻在母親面前漫不經心地上網研究，之後隨意指出其中一間。

Alex 說：「就這間吧！」

Susan 耐着性子問他：「為何選這一間？」

Alex 說：「因為學校的外型很酷！」

Susan 見他根本不認真，已經忍無可忍，破口大罵：「現在你去讀書，還是去玩？你簡直浪費我的金錢，你以後不要再讀書！」

他反駁：「**你都唔明白我！是你叫我讀的，不是我自己想讀！**」

Susan 氣得要命，真的想叫兒子不要讀書，不如快快找工作，自己養自己，心裏卻憤懣：「為何這個兒子跟我這麼不同？」

開放地聆聽

第一章提過聆聽的重要，但更佳的聆聽是開放地聆聽。

上面的例子反映母子性情不同帶來的衝突和張力。母親天性井然有序，做事實際，而子女不拘小節，以美感先行。如果母親想平息衝突，平心靜氣地與子女進一步溝通，就要放下自己的標準，開放地聆聽兒子的心聲。以下是正面示範。

兒子選定那間學校：「就這間吧！」

母親雖有點愕然，但嘗試探問：「為何選這一間？」

（了解子女的目的）

兒子懶懶閒地說：「因為學校的外型很酷！」

母親心中不悅，儘管試問：「外型酷是什麼意思？」（放下自己講求實際的心態，不要先動怒，進一步了解子女的想法）

兒子說：「酷，就會令我讀得開心！」

（有時子女的說話令你摸不着頭腦，但先不要動氣）

母親險些昏倒，卻忍耐地說：「我不太明白。你意思是你特別喜歡酷的東西和環境？」（進一步了解子女的喜好代表什麼）

兒子興奮地說：「對！我特別留意酷的東西！」

（子女開始具體展現個性和喜好）

母親回想平日的觀察，說：「我一直都覺得你的美感很強，難怪你的美術設計特別出色。」

（要從你平日對子女的觀察了解他，才能真正肯定他的特質）

兒子說：「我曾經想過選這類科目，但我不肯定。有時都搞不定要選什麼科！」

（子女說出心底的掙扎）

母親回應：「我明白有時很難選擇，所以選擇學校和科目都要作多方面考慮。不如我們一起看看這間學校各方面的優劣，才作定論。」

（指引子女可以開放地多角度考慮，首要是家長的態度開放）

父母要開放地聆聽，是老生常談，但不易做得到，特別當子女的觀點、角度、喜好和期望與父母大不同時，就想對方聽從自己。的確，家長比子女的經驗和閱歷多，容易看出子女的想法不夠周全。但是，成長需要時間，家長也是花了很長時間才變得成熟！

上列例子中的家長沒有太快給判斷、批評、意見和評論，反而耐性地找出子女的特質，肯定他的為人和掙扎。**你的開放可以帶動子女學習開放聆聽你的意見。相反，當父母太快批評時，子女會立刻防衛，精力放在跟你對抗，而不是自我反省。**

“開放聆聽，就是先放下個人標準，聆聽子女的想法。

接納子女和你不同

上一章提到讚賞的重點是「看見」。這一章要談的是，如何跟個性和特質與自己不同的子女相處，重點也是「看見」。上一章的看見，是要看見子女好的特質，這一章要看見的是子女和你不同的特質。

看見有兩個層次：

1. 願深入了解和確認你的子女的特質、個性、取向和能力限制，例如他是個怎樣的人、他的好惡、他處事的方式、他看事物的側重點、他做什麼比較有效率做什麼比較慢、做什麼比較易什麼比較難……很多時候，父母以為自己已經很了解子女；可是，當子女進入青少年時期，心態、智能、愛好和價值觀會極速轉變，而且變得令你難以想像。試想，即使面對跟你相處了多年的配偶或者父母，有時你也可能對他們某方面感到陌生，或者不能完全明白。所以，父母仍然要學習重新認識子女。

2. 看見的意思不是單用肉眼而已，而是從心裏接納他跟你的不同。接納不代表接受或者同意，而是尊重他就是他，你們是兩個不同的個體，他未必似你。父母不是不想尊重，而是因為自己「食鹽多過他們食米」，能辨別什麼是「最」好和「最」有效，一眼就看透子女的問題。這種接納不在於判斷誰對誰錯，否則會太快窒礙彼此的溝通，阻礙你進一步認識子女。

反面示範：「你做事總等到 last minute，終有一次會出事。為何你一點都不似我？」（不是你的做事作風）

正面示範：「我通常會預先做一件事，而你卻喜歡在最後一刻衝刺，我們做事各有特色。」

反面示範：「你這種打扮出街簡直嚇死人！」（不是你的風格）

正面示範：「我未見過這種打扮，這叫做什麼？有什麼特色？」

你會問，與子女相處了十多載，怎會不認識他，怎會難看見呢？可能，問題出於彼此已經相處太久，變得難接受不同。

1. 父母的不適應

當子女成長至青少年，父母也開始步入中年，性格已經定型，個人生活模式及與家人的相處模式也相當牢固，轉變和適應是不容易的。相對，青少年在這時期要尋找身分和定位，從孩童蛻變成大人。轉變，是理所當然的。父母面對轉變中的子女，當然要很多適應和配合。不習慣，不舒服，是必然的，有人稱為代溝。

父母不妨嘗試帶着學習新事物的態度，了解子女的心態和想法，找出他們想法中的好處。他們便會和你分享更多，解釋更多，否則會預設你一定不認同，就說：「跟你講都嘥氣。」這就是之前所講的開放之道。

2. 父母的擔心

很多父母認為子女的性情有問題，生怕他們將來的問題更大。如上面所說，父母的性格大致定型，也建立了一套可行和有效的生活模式和方法，例如外向多朋友才會有更多機會、做人不要感情用事。當你看見子女跟你不同，自然會擔心他們的方式不可行、沒有效，將來難以在競爭激烈的世界生存，就想立即改正他們。可是，每次都招致他們的反彈。

更有效的是，鼓勵子女找到個人特質和優點，學習如何與不同人配搭和合作。

“世界天天在轉，
生活難有一套行之有效的唯一方程式，
社會需要的是不同特質的人互相配合。

做好父母有何難

你跟子女各有長處

所謂「一樣米養百樣人」。**父母進一步學習接納，就是了解自己和子女有何不同之處**，更要明白到各類性格的優點好處，不要太快下定論「子女一定有問題」。

為幫助家長有系統地了解人與人的不同，我想介紹一個工具，叫「梅耶——布厘格斯性格分類指標」（英語：Myers-Briggs Type Indicator，簡稱 MBTI）。MBTI 把人的個性分為四對形態，每對形態描述人不同的行為範疇。它的好處是指出人各有不同，每種特質都有其強處和功能。

行為範疇	相對形態		
發揮及獲得內在能量的方向	外向（Extrovert）專注於外在的人和事物，傾向將能量往外釋放。	VS	內向（Introvert）專注於自己的思想、想法及印象，傾向將能量流往內。
處理及接收資料的方向	實感（Sensing）着眼於當前事物，慣於先使用五感來感受世界。		直覺（Intuition）着重可能性及理論，用聯想或幻想來理解世界。
做決定時側重的方向	理性（Thinking）用是非對錯及客觀邏輯來作分析結果及影響，或者作決定。		情感（Feeling）使用價值觀、主觀感受及人際關係來作決定。
生活模式和態度	判斷（Judging）傾向井然有序及有組織的生活，而且喜歡安頓一切事物。		理解（Perceiving）傾向於自然發生及彈性的生活，對任何意見都抱開放態度。

請你從上表選出每項最能形容你的形態，最後會得出四個形態，填在下表。如果你感覺困難，可以參考一些網上的測驗題目：http://www.arealme.com/16types/zh/

行為範疇	你的形態	子女的形態
發揮及獲得內在能量的方向		
處理及接收資料的方向		
做決定時側重的方向		
生活模式和態度		

你覺得自己屬於哪四類？你的子女又屬於哪四類？什麼地方相同？什麼地方不同？你可以較容易看出你和子女通常的衝突情況是什麼，你通常不滿的是什麼。

如果你有兩個子女，可能一個比較似你，管教時會較輕鬆，另一個跟你大不同，把你氣得要死。這個表可能給你一點啟發。

不同性格產生不同關係張力

當性格不相同時，關係便容易產生張力。很多時候，當子女的形態與父母相對，父母會感到難以和他們相處。例如上文 Susan 明顯是實感型（Sensing），而 Alex 就是直覺型（Intuition）。實感型難以明白直覺的人的天馬行空，而直覺型的人會討厭實感型的人太仔細和長氣。其他例子如：

外向與內向

父親是個外向型的人，成長中的生活圈子都很闊，喜歡和朋友外出。雖然他明白人有不同，女兒也有她的性格，可是女兒從小學到中學朋友都不多，又不太熱衷找朋友外出。每天放學後，女兒只會回家溫習或聽歌上網。父親擔心女兒會否一天變成孤僻，又怕她將來在社會不懂待人接物，更可能損失一些機會。他常常囑咐女兒多找朋友，又替她報名參加不同羣體活動。可是，女兒諸多推搪。父親感覺老鼠拉龜，苦無對策。父親沒有發現女兒需要朋友，只不過相處方式和父親的不同。女兒只要有一兩個知心朋友已足夠，而且愛用文字表達多於出街瞎逛。

感性與理性

母親是個既感性又重關係的人，喜歡和諧。她自小都很服從聽話，也認為子女要聽父母的話。自從兒子升上中學，常常跟自己「駁嘴」，什麼事都爭拗一番。母親說不，兒子偏偏問為何不可以。母親為此感到很厭倦，很多時不懂得回答兒子的問題，也開始不想回應，索性說：「總之我說是就是，不是就不是，不要再問了！」有時她心裏非常難受，為何子女總是反叛不聽教。她不明白一個理性型的人事事都想尋根究底，喜歡討論不休，而不會察覺傷害關係。但是在母親卻覺得兒子不尊重她。

判斷與理解

母親是個計劃周詳的人，做事從不會拖延，只會及時完成。她覺得早點完成，可以有閒餘做其他事。相反，兒子是個率性隨意的人，事事要拖延到最後一分鐘。一方面他心多多，有很多要做要玩的事，相信自己一定可以在死線前完成。因此，母子二人常常在不同的事情上拉鋸。兒子討厭母親常常催促自己，而母親就擔心兒子完成不到。爭吵天天出現。

上面幾個例子看到親子不同的性格會引發不同的關係張力，而張力的位置往往是出於父母對子女的焦慮和擔心。因為父母的性格與子女不同，不懂對方的想法，也無法想像和估計會發生什麼事、可行不可行，甚至不知道很多事情可以從另一個角度看。

要站在別人的角度不容易。**轉振點是要持開放的心態，不要覺得自己永遠是對的**。情況等於你與配偶性格不同，你很想對方為你改變，但相處多年後，領悟相處之道還是接納和包容，你不會變成對方，對方也不會變成你。

面對子女也是同一道理，接納他，而且藉多詢問和聆聽了解他們，讓他們也了解自己，這就是因材施教。**因材施教並非勉強遷就**

子女，而是讓他們更了解自己，發揮長處。

表 1 四類形態的不同和張力位置

外向（Extrovert） 父母屬行動型，喜歡不同的體驗。他們期望子女比較活躍及嘗試不同的事物，擔心子女只會獨處，朋友不多。 *張力位：內向的子女感到壓力。*	VS	**內向**（Introvert） 父母較寡言，喜歡安靜和獨處。他們觀察力和反思能力很強，也期望子女比較安靜及多反省。他們和子女糾纏一輪後，需要獨處和個人空間。 *張力位：子女感覺被忽略和冷落。*
實感（Sensing） 父母着眼在細節上。做事很實際、實事求是、親力親為。他們怕子女太天馬行空，不設實際。如果子女不按常規做事，會令他們很擔心。 *張力位：子女感到很煩厭。*	VS	**直覺**（Intuition） 父母着眼點在大圖畫和更多可能性。思考和説話講原則，講框架，講主線，因而忽視細節。他們害怕子女太實際，太多枝節，太着重細節而看不清全貌。 *張力位：子女感覺父母的指示不清晰或不實在。*
理性（Thinking） 父母比較理性和愛分析，常常問子女為什麼，要講道理，用是非對錯判斷子女，容易令子女覺得不近人情，道德行先。 *張力位:子女感到父母不理解他們。*	VS	**情感**（Feeling） 父母着重關係和感情，期望子女和自己關係要好和親密，相對較多情緒。對於家庭，要和諧親密，因而可能令子女感到壓迫。 *張力位：子女感覺父母太壓迫和情緒化。*
判斷（Judging） 父母需要事事井然有序，有計劃，有預備。他們不容易忍受子女沒計劃，不整齊，太隨意，太多突發主意。 *張力位：子女感到父母吹毛求疵。*	VS	**理解**（Perceiving） 父母較隨意，容許很多可能性，較有彈性。他們不喜歡子女有板有眼，一成不變。 *張力位：子女感到生活沒規律，難以掌握。*

另眼看子女

讀到這裏，你可能明白人各有不同。可是，當你看到子女的「問題」行為和習慣，總是覺得不順眼，例如子女做事慢吞吞，要父母三催四請；做事不專注，要父母提了再提。

父母可能忽略了凡事有兩面。父母因着自己的個性，看事物只習慣看到一面，還要是有問題或負面的一面。

這裏介紹一種技巧叫「易框重塑」(reframing)，就是把事情套入另一個框架思想理解。我們有時也會應用在日常生活上。例如：

- 危機，有危就有機，可以轉危為機。
- 一個人的弱點，正是他的特點。
- 沒有改變，代表現時處境已經最好。
- 直接向我說反對，代表對方信任我。

將這種思考放在親子溝通上，可以重新理解子女「有問題」的一面。每對父母最終都想子女好，因此父母要學習從好的方面去看子女。這種另眼看子女的態度，能幫助子女知道自己的好處，發揮才能。

正如前文提過，父母的責任不是查找不足；相反，找出子女的優秀之處，加以鼓勵，才可以有效教育子女。以下是一些例子：

行為表現	固有負面看法	轉換框架
做事拖延，不會先預備，思考很久才做	做事慢吞吞	淡定，深思熟慮
做事時，喜歡搞東搞西	不專注	好奇心強，喜歡探索
反駁父母	包拗頸	有批判思考
想像不設實際的東西	天馬行空，混亂	有創意

示範（請試用柔和語氣和欣賞的態度）：

- **當子女做事慢吞吞**：「我見你做功課時，似乎花很長時間思想，其實你在思考什麼？」
- **當子女説話包拗頸**：「我欣賞你分析力很強，如果語氣溫和一點，我會感覺更好。」
- **當子女思想天馬行空**：「你的想像力如此豐富，可以考慮進修一些創作訓練。你喜歡嗎？」

“易框重塑是一種心態轉換，父母改變看待子女的方式，重新以真誠欣賞子女。

給父母的心法

先有尊重才能說教

家長要另眼看子女，也會遇上另一個難題，究竟如何分辨什麼是子女的特質，什麼是子女未完善的地方呢？如果父母看見子女未完善的地方而不去教，豈非失職？要準確分辨，靠賴平日父母對子女的觀察和認識。**父母要有效教導子女，先要由尊重開始。父母尊重每個子女有其長處短處，懂得欣賞子女的長處之餘，更要接納他的限制，這是尊重。**

例如，子女不修邊幅，如果父母一開始就批評，他一定「睬你都傻」。如果你先肯定他是個率真的人，之後再討論如何改善，還可以有商量餘地。青少年的自尊感比成年人弱，對於批評很敏感，所以更需要保護。

這一章不是要你什麼都不教，什麼都不講，而是鼓勵你先尊重，後說教。這不單是說話技巧，更是一份真誠的尊重。

> 兒子的房間亂七八糟，父親每次提醒他整理房間，兒子都說：「這是我的style，這樣子我才能找到我的東西。」
> 父親心裏疑惑:「我就一味要尊重他的『混亂』，不去教導他嗎？」

答案是要尊重子女的特質，也要教導子女尊重的道理。

父親可以這樣説：「這是你的空間，我尊重你的 style（尊重子女）。不過，我也想你懂得尊重別人（教導）。例如一旦有客人探訪，為了尊重別人，我希望你先收拾一下。我希望這是我們之間彼此尊重的決定。可以嗎？」

有時，要先體諒子女的限制，再努力尋求方法幫助、鼓勵他。

母親留意到兒子做作文功課時不專心，心想：作文的題目根本很容易，很想提醒他專心一點，免得很晚都未能上牀睡覺。但是，母親心裏提醒自己，要先了解子女的特質，可能作文不是他的強項，甚至是弱項吧！

於是母親説：「當你要作文時，你會如何開始？」之後，兒子慨歎自己沒有想像力，寫了一句就不知道如何續寫下去。於是，母親逐句逐句引導兒子學習續寫。雖然最後成績未算太好，母親仍然欣賞他的努力和進步。

母親先放下成見，不要先認定子女不專心了解和體諒子女的特質和限制，透過觀察和詢問，對症下藥。

“如果你常常急於指出子女的問題，
有想過為何要那麼心急嗎？

給父母打打氣

每個人都有性格和能力的對立面。外向的相對是內向，實幹的相對就是幻想。我們都對相對面比較陌生，沒把握。在親子教養上，這種陌生會為父母帶來焦慮。每個人都有自己學習要走的路，子女也有他一生要行的路，只有他知道要怎樣走才最合適，父母只可以從旁給予意見，有時還可能借助其他不同性格的長輩幫幫手、幫幫口。

另一個對立面可能是你未完的夢。有時父母會把自己做不到的事情或未完成的夢想，放到子女身上，又或者把個人的能力限制，或者際遇、未能達成的目標，轉化成對子女的期望和目標。這種期望成為你的焦慮和壓力，以致時刻想子女做多一點，做好一點，以達成你個人的目標。

最後一個對立面可能來自你的婚姻。嘗試檢視你的婚姻關係，你最討厭最不滿子女的地方，正是你討厭配偶的地方。例如，你一向不喜歡丈夫對家事愛理不理，自然容易將這份不滿投射到子女身上，認為子女跟爸爸一樣不負責任。這種想法只會增加你對子女的焦慮而不自知。你要好好跟配偶處理。有時，單親父母較容易把對前配偶的不滿投射在子女身上，父母要多察覺。

本章金句

因材施教的意思不是勉強遷就子女，
而是讓他們更了解自己，發揮個人長處。

練習

練習一：自我檢視

請回答以下問題，檢視自己對子女的看法。很多時候，你不滿他們的地方，純粹是因為他們與你很不同或者有些地方不及你，甚至是你討厭配偶的地方，並非子女「真的不好」。

- **子女與你有什麼相似地方：**

滿意的：______________________________

不滿意的：______________________________

- **子女與你有什麼不同地方：**

滿意的：______________________________

不滿意的：______________________________

- **子女與你的配偶有什麼相似地方：**

滿意的：______________________________

不滿意的：______________________________

- **子女與你的配偶有什麼不同地方：**

滿意的：______________________________

不滿意的：______________________________

如果你有兩個或以上的子女，更可以比較他們有何不同。

練習二：易框重塑

用「易框重塑」的思維，將以上你對子女不滿的地方，轉換成正面的方向去看，例如不修邊幅就是隨意率性自由。

行為	不滿意地方	為何不滿意？（可以反思這看法會否來自社會的標準？）	用新角度詮釋子女的行為
子女吃得慢	*慢吞吞，不專心。*	*社會看重快，子女吃得慢就被歧視。*	*吃飯都是一享受，不一定要快要急。*

第七章

我好憎你呀！

——平息青少年的怒火

目標：

父母與子女學會憤怒過後平靜下來，重啟溝通。

技巧：

父母及子女的憤怒處理。

引言

你有否想過，子女令你最生氣的是什麼？是他們達不到你的要求？是他們完成不到應承你的事？是他們成績不及格？可能你覺得統統不是，而是他們對你的惡劣態度，沒大沒小沒禮貌，出言攻擊傷害你。這都是最令父母痛心的。

心痛是因為你為子女付出了那麼多，不計回報，可是當他們鬧情緒時，視你為「殺父仇人」，兇神惡煞，不但出言攻擊你、侮辱你，甚至以武力相向。這時候，不但你感到失望難受，也會擔心他們將來如何處世，難道一不高興就對上司破口大罵嗎？

而且，問題沒有停在這裏。當子女向你動怒，同時會激動起你的憤怒，你也難以自控，結果雙方互相攻擊，令關係火上加油。有時你會自責為何自己會失控。父母不過是人，都有情緒。正所謂愛之深，責之切。換轉是別人的子女，你根本不用如此生氣。你着緊，只因他是你的子女吧！

處境 車廂中的父子角力

阿權的兒子天佑 13 歲，虎父無犬子，天佑的性格跟阿權相像，都是衝動和火氣猛烈的人，容易怒火中燒。

阿權一旦察覺天佑做得不對，例如不肯收拾自己的東西、讀書不專注等，就會直接訓斥天佑。天佑當然不甘示弱，必定大力反擊，高聲回應:「你自己都做得不好！」、「你收聲，好煩呀！」天佑很多時會走入房間，猛力關門。阿權心想：「這個兒子只會『駁嘴駁舌』。」

一次在地鐵車廂內，天佑拿出手機把玩，阿權之前已多次提醒，看手機會忘了下車，他一看見，就嚴厲斥責：「你在家中已經不停『打機』，現在還要打？你給我立即收起它！否則我會沒收！」

「我在家中只不過打了一會！」天佑仍然眼望手機，一眼都沒看父親。

阿權見他無動於衷，立刻一手搶了他的手機。天佑當然想搶回來，可是不果，就一直怒目瞪着父親。父親見狀，內心感到很不被尊重，明明為你好，你還不知自己有錯，反過來要跟我鬥？一團怒火已在心中燃燒。

於是父親反唇相譏：「你不服氣嗎？」之後，父親見天佑的嘴唇竟然微微抖動，似乎唸唸有詞，好像低聲咒罵自己。阿權心裏的火開始控制不了，便在眾目睽睽下摑了兒子一巴掌。天佑初時感到愕然，之後眼睛淌出眼淚，見列車到站開門，立即拔足跑出車廂。一面跑，一面大喊：「**我好憎你呀！**」

處理憤怒，先要降溫

很多家庭都會遇上類似情況，明明是一件芝麻綠豆的事情，例如為了一部手機，最後竟然演變成重大衝突，結果星星之火，可以燎原。

憤怒是個過程

憤怒是一種很激烈的情緒，殺傷力巨大。在憤怒之下，任何一件大事小事都有可能引起很多負面情況。**憤怒是一種逐漸升溫的情緒，是一個「過程」**。不少人的情緒不會一開始就到達憤怒的頂點。正如故事中的父子倆，初時的憤怒都不算太大，當時可以平伏的。可是，父親沒有察覺這一點，事情發展下去，雙方情緒升溫，直至到達沸點，一發不可收拾。

兒子的情緒升溫過程

天佑的不滿首先來自父親干擾他全神貫注地玩手機，更大的刺激來自父親說話的語氣。之後父親一手搶去手機，令他感覺不被尊重，怒氣就只升不降。父親未有立時降溫，還加上一句「你不服氣嗎」，以一種以大欺小的姿態挑釁他，令他的憤怒情緒一發不可收拾。可是，他無法跟父親直接對峙，升溫的情緒無處宣洩，唯有口中唸唸有詞表達心中的不滿。不料父親出手打人，兒子滿心的怨憤和委屈已經到達頂峰，無法支撐下去，拔足便跑。

父親的情緒升溫過程

父親先是不滿兒子機不離手，之後開始擔心：如此下去，一定打機成癮，以後再沒有心機讀書溫習。他提出警告後，兒子卻無動於衷，彷彿完全沒有把父親的話聽進去，父親內心感覺不被尊重，憤怒開始逐步膨漲，便直接用行動阻止，搶去他的手機。怎料兒子怒目相向，作出沉默的反擊。這時候，父親心想：「教你不聽，還以為自己沒有錯，反過來跟我鬥？」心中忍無可忍，怒氣到達頂點，於是捺不住就摑了兒子一記耳光。

有效撲熄怒火

如果你看見一點星火，當然要立即撲熄，不要等待星火燎原。處理憤怒也是一樣，當父母和子女都出現憤怒情緒時，首先一定要「撲熄」。**撲熄最有效的方法就是同理心和我的訊息**。同理心可以使子女感覺被明白，關鍵是父母要掌握子女的情緒溫度，感覺稍為升溫，就要降溫。而我的訊息讓子女明白父母不是要攻擊他，而是關心他，也能發揮降溫的功用。

父親低聲而堅定地說：「你在家中已經打了很長時間機，你給我立刻收起它！」(雖是同一番話，在眾目睽睽下，語氣宜收斂一些)

兒子開始有點煩躁：「我在家中不過打了一會！」

(一般來說，青少年不容易收手)

父親以溫和語氣：「我知道你很想多打一會。」

(察覺子女有點煩躁，要用同理心降溫)

兒子央求道：「給我多玩一會吧！」
（已稍為降溫，仍想討價還價）

這時候，家長會想立即和子女商量如何處理，但我建議先用「我的訊息」給子女有多一點心理準備。

父親堅定而嚴肅地表達：「我已經向你禮貌地説了要求，但你似乎不理會，爸爸覺得很失望。我擔心你不懂節制。」（運用我的訊息）
兒子：「我會知道節制的。」（又開始煩躁起來，想討價還價）
父親仍維持平穩語調：「我明白你知道。我不是不准你玩手機。」（見兒子情緒開始再次高漲，再用同理心降溫）
兒子：「我會知道節制的。」又再低下頭玩。
（語氣稍為緩和，但仍然堅持）
父親態度堅定：「好了，爸爸信任你可以自己收機，總之兩個車站之後，你要收起來，知道嗎？」
（先信任他有能力節制，再給予建議）
兒子不耐煩地説：「好了！好了！」
（語氣雖然不算太好，但請家長不要被他的語氣激怒）

當兒子在兩個車站後，的確收起手機。

父親點頭稱許：「爸爸欣賞你有信用，之後我可以繼續信任你。」

如果兩個車站後，他仍然不會自動自覺。

父親語氣沉着，克制心中不滿：「爸爸提提你，已經過了兩個車站。如果你不自動收機，我會更加失望，因為我之前信任過你。」（先用我的訊息，當時可以沉默地望着他，不用急，再給他一點時間去預算收拾）

兒子：「好了！好了！好煩呀！」（最終肯收機，但語氣不滿）

父親:「我知道你有點不滿，我明白的。但這是我們先前的約定。」（不要反擊，要先用同理心降溫，才能説道理）

這時子女的面色可能很難看，家長不用立即反擊指責，免得火上加油，儘管由他自己冷靜。青少年比成年人需要更多時間令情緒降溫。他們「嬲爆爆」的表情其實是一個自我降溫的過程。

反面示範：「為何嬲爆爆？你還不知道自己錯？」

正面示範：「我欣賞你自己處理情緒，我先讓你冷靜一會。」（暫時不要追問，待大家冷靜後，先轉移話題，重新破冰）

掌握別人和自己的情緒溫度不容易，這根本不是我們的生活習慣。但這是可以學習的，**家長不妨嘗試幫助自己，一旦平日遇上衝突處境，給自己多點空間，細心問自己的感受，問自己的怒氣有多大，同時容許自己不愉快，也可以問自己，為什麼不愉快、感覺哪裏受傷害等。**

“在怒氣填胸之時，先降溫後説教。

憤怒是一種防衛

上文提過，父母要接納子女的負面情緒，面對憤怒的情緒時卻很難接納，覺得憤怒就是不好。其實憤怒也有其正面意義，它是人的原始防衛機制，有助自我保護。例如，當你無端被別人攻擊時，憤怒的防衛機制會促使你反抗或阻止對方，不會憤怒，就只會退縮或任人欺負。

對於青少年，憤怒的防衛性包括兩方面：一，帶有挑釁性，為了反抗和阻止父母的批評或干涉；二，保護和掩飾深藏比較脆弱的感受。不過，父母通常容易發現對抗的一面，而忽視了脆弱感受的一面。例如：

- 當子女做錯事，一旦你向他們質詢，他們便會態度傲慢，殺氣騰騰，死不認錯（反抗），其實內心害怕被父母指責和責罰（保護脆弱感受）。
- 當子女感到父母不信任，子女便會不斷反擊，強詞奪理（反抗），甚至要向父母報復（反抗），其實內心是感到不公平和委屈（保護脆弱感受）。
- 當子女想擁有一件渴望的東西或一種自由和權利，可是遇上父母反對，子女最初會表現不滿（反抗）；要是不得要領的話，可能反過來變得不在乎及反叛（反抗），內心掩藏的是一份失望（保護脆弱性感受）。

父母要接納子女的憤怒情緒，就是察覺上述兩方面，予以接納，尤其重要是接納子女內心脆弱的一面，這樣家長運用同理心時會更奏效。以下是一個正面和反面的例子：

志豪對母親說放學後去補習。可是，補習社打電話來說志豪缺席，而志豪又不聽母親的電話，也不回覆她的 WhatsApp 訊息。晚飯時間已經過了，母親還在擔心，兒子終於回家，而且面色不太好，準備衝入房間……

反面示範：

母親大聲斥喝：「志豪，不要入房，我想跟你談談。」

志豪不耐煩：「有什麼好談？」（開始防衛）

母親不滿道：「你這算什麼態度？」（母親感到不被尊重）

志豪高聲說：「我不想談！」（提升防衛）

母親嚴厲地說：「你做錯了事，當然不想談！」

（心急想子女知道有錯）

志豪：「我做錯什麼事？」

母親愈感不滿：「你做了什麼事，你自己知道！」

志豪還想衝入房：「我都懶得理你。」

母親再提高聲調：「補習社打電話來，說你缺席，你究竟去了哪裏？」（已經不耐煩聽兒子的回應，直斥其非）

志豪甩開雙手：「費事睬你，『黐線』！」（反抗）

母親站起來，厲聲喝道：「你說什麼？信不信我告訴爸爸？」

（母親也開始反擊，用爸爸這件「武器」）

志豪衝入房，拋下一句：「你想說就說吧！我不在乎！」

以上情況，母親和兒子都氣急敗壞，對話了一輪，卻得不到什麼答案。當然這名母親擔心兒子説謊，長大後變成一個不誠實的人。因此心急處理問題，只想子女明白不誠實的害處，卻忘記了向兒子表達同理心，結果惹來兒子反擊，最後家長也開始反擊起來。

正面示範：

母親語氣嚴肅：「志豪，先不要入房，我想跟你談談。」

志豪不耐煩：「有什麼好談？」（開始防衛）

母親保持平和：「看你的語氣，似乎不想跟我談？」（同理心）

志豪沒好氣道：「沒什麼好談！」（仍然堅持防衛）

母親儘量維持平和語氣：「放心，我不是想指責你，只是想談談。」（降低孩子的威脅感）

志豪反一反眼：「有什麼話，快説！」（防衛未完全消除）

母親深呼吸一下：「我猜你怕我知道你沒有去補習社，向我撒了謊，也怕我會指責你……」（同理心，降低他的威脅感）

志豪稍有點猶豫：「又如何？我的確沒去補習。」（繼續防衛）

母親正色道：「我希望你明白，重點不是有沒有去補習，不去補習也不是天大的錯事。只是，我想你知道我擔心你，也想你知道我希望你是個誠實的孩子，你一直都是個誠實的人。」（降低他的威脅、我的訊息，同時對正焦點，就是子女的品格）

志豪：「……」（不敢回應，但情緒開始降溫）

母親忍耐地表達：「不要緊，我只想跟你好好談，了解發生什麼事。明白嗎？」（邀請好好對話）

志豪：「説吧！」（稍為降溫，但仍帶點防衛）

母親溫和地：「不用怕，我們慢慢説。」（再給子女多點安全感）

在正面示範裏，母親知道兒子處於憤怒狀態，對話是急不來的，也不可能即時問責；更要緊是她體恤兒子這一刻的防衛態度是基於內心的脆弱感受（例如怕被指責）。所以，她小心翼翼為兒子的情緒「拆炸彈」，不斷給他安全感，希望他減低防衛，然後再了解事情真相。

“憤怒既是反抗也代表脆弱，
只要父母小心分辨，準確應對，
萬事都會有商量。

做好父母有何難

處理子女憤怒的步驟

上文已經提過，幫助子女處理憤怒，首先是替他們降溫。但家長要有心理準備，**由於青少年的自制力比成年人低，憤怒情緒比成年人強烈，因此降溫所需的空間和時間比成年人長。先不要高估他們的自控能力，家長也不要低估所需的心力和時間。**以下是一些具體的做法。

步驟 1：遠離現場

幫助子女冷靜的最佳方法是讓他們離開衝突現場。例如兄弟倆爭執，最好先將二人分開；子女做功課做得心情很壞，可以暫時停止溫習，做其他事轉移注意力。注意不要使子女感到「把他抽離」是一種懲罰，例如趕他入房、不准他吃飯，宜以建議的方式說：「**我知道你很生氣。你可以選擇入房一會，自己冷靜一下。**」

步驟 2：選擇適當時間和地點

很多父母都很心急，希望儘快解決問題，或生怕失去教訓的時機，或以為不「就地正法」，子女以後就不聽教。或者，見子女屢屢關自己在房間，或者埋首在電腦面前，心急起來，一碰面便教訓，甚至有時在大街大巷。可是，誰都愛面子，青少年也會很討厭在別人面前或者眾目睽睽之下被父母教訓，這使他們更加防衛。所以，即使在街上發生狀況，也可以先與子女約定，回家後雙方一定要溝通。

其實，挑選合適的時間和地點與子女溝通非常重要。很多時候，家庭中的爭執往往在晚上發生（為了溫習、功課、家務等），可是當雙方吵得面紅耳熱時，為時已晚，雙方都很疲倦，明早還要上班上學。父母何不暫時放下，説明找另一個時候再談？

步驟 3：避免再度刺激子女

憤怒是防衛性情緒，為的是保護內在脆弱的感受，所以父母要小心自己的言語，避免再次刺激子女，小心某些侮辱性行動或説話，例如人身攻擊、掌摑、擲他們的私人物品、侮辱他們的朋友。以下是一些家長常犯的技巧性錯誤：

- **窮追猛打**：你知道自己做了什麼嗎？你為何這樣做？你知道你做得很錯嗎？
- **人身攻擊**：你無用！教極你都不懂！
- **出口威脅**：你下次再做，我會逐你出家門！
- **嚴厲指令**：你立即給我做！去！
- **八股道理**：你知道對錯的嗎？你根本不曉得這件事的嚴重性……
- **誇大事實**：你次次都是如此！你這樣做，所有人都討厭你。
- **比較看扁**：別人的子女不會像你這樣向父母亂發脾氣。
- **單打諷刺**：你這樣做對得很呢，以後多做點吧！我怎敢再罵你！
- **預言看扁**：你繼續這樣做，將來肯定給拉去坐監！

如果一時不知道如何説，不如暫時不説。沉默，反而可以幫助子女冷靜，這樣，子女已經知道父母不悦。

步驟 4：對準子女的引爆點

青少年生氣的原因很多，而最要命的憤怒「引爆點」通常有幾個，例如不被信任、不被認同、不被欣賞、覺得被屈（錯怪）或覺得不公平。最有效降溫的方法是立即對準這些感受（同理心），而且給予認同（肯定）。例如：

> 子女：你從來都不信我有溫習吧！
> 錯誤回應：你這樣的成績，叫我怎能信你？
> 正面回應：我的確看到你付出過，信你很努力。
>
> 子女：這件事與我無關！
> 錯誤回應：你做錯了，還說無關？
> 正面回應：我信不是你出問題，不如你給我解釋發生什麼事。
>
> 子女：姊姊可以擁有，為何我不可以？
> 錯誤回應：因為姊姊比你年長。
> 正面回應：你覺得姊姊有，而你沒有，所以感到不公平，令你很生氣，是嗎？

步驟 5：幫助子女承認自己的憤怒

一個人能夠確認自己的情緒，會較容易處理。不過，幫助青少年承認內心的憤怒不是一件容易的事。當他們難以自我察覺，父母可以提示，例如：

「**我看你現在很憤怒，讓我們雙方冷靜一會，之後再談，可以嗎？**」如果他們仍然否認，可以說：「**我的確感到你在生氣，我聽出你的語氣和平日不同。**」不過，有時他們仍然矢口否認，因為怕一旦承認，父母就會利用這個「弱點」去攻擊他們。讓青少年承認憤怒，先要給他們一份安全感，令他們放下戒心，例如：「**我不是想懲罰你，我答應你不會追究，你不用害怕，我只想跟你講道理。**」

步驟 6：幫助子女掌握憤怒的來源

每次發生衝突之後，不要不了了之，父母要探詢青少年憤怒的真正來源。很多時候憤怒只是表象，底下可能是自卑、挫敗，也可能是對父母、老師的不滿。父母可以嘗試探源，首要方向是認定孩子生氣背後一定源於難過或不愉快，不要被他們的情緒激動，嘗試平心靜氣探詢他們不開心的原由。

步驟 7：給予情感支持

當子女做錯事，被父母責罵過後而憤怒，父母要容讓子女有生氣的機會，可以建議一些積極的方法，幫助他們發洩怒氣，例如：各式運動、遊戲、一家人出外走走；有時候甚至咆哮、用力打枕頭也能幫助青少年發洩。同時也是一種安慰，稱為情感的修補。

如果是父母生了子女的氣，就要自我檢視（可參考下一部分及練習），甚至以身作則，先向子女道歉，承認自己也有憤怒，表達內裏的感受。想子女成為怎樣的人，先要自己成為這樣的一個人：「**我先向你道歉，因為我説了難聽的話。但我請你也承認你的話也傷了我**」。

步驟 8：聆聽與尊重

對話時，不要以長輩自居，讓子女先説，即使你覺得他們沒道理，也要先聆聽，依前面的步驟，找出他們背後的心聲（如感覺不公平、不被尊重等）。

容許子女說「不」。不要太快喝止他們，有時候衝突源於立場不同，並非高下之別，切記保持同一高度（尊嚴）。如果子女的情緒未完全平息，可以讓大家暫時「休戰」，約好日後再談，給子女和你自己空間。

步驟似乎很多，道理只有一個：為憤怒降溫。**降溫的重點是找到子女的引爆點（即不安的地方），明白他，予以同理心，不着急處理和解決問題。**

“為憤怒降溫，找出子女的引爆點。

給父母的心法

父母處理憤怒的步驟

道理似乎很簡單：降溫、拆炸彈。可是，難題在於父母自己都處於憤怒的狀態，不容易有冷靜的頭腦去明白子女和想出應對。我聽過有些家長常常對正在發怒的子女說：「你控制一下你的情緒，好嗎？」、「你留意你的態度好嗎？」、「你想想自己做錯了什麼？」其實這些說話無補於事，無法降溫。

在飛機上遇上危險，父母先戴上氧氣罩，之後才可以幫子女，這是常識。憤怒是非常激烈的情緒，家長不要期望子女可以自行處理。降溫，先由父母開始，然後父母才能幫助子女降溫。

步驟 1：意識自己的怒氣

先留意自己是否已經被子女激怒，甚至開始不能自控。要有效處理憤怒，必須要意識到它的存在，而意識往往從身體反應開始，例如：

- 心跳及呼吸加速
- 肌肉繃緊
- 面紅耳熱
- 咬牙切齒

- 頭痛或胃痛
- 憋氣
- 説話愈來愈大聲
- 想罵人或打人
- 想擲東西或毀壞東西
- 想用一時激烈的行為發洩

如果你發現自己有以上情況，你可能已經進入憤怒狀況，須要步驟 2。

步驟 2：暫停對話

很多時候，聽到子女的激動反應，家長會嘗試向子女解釋，為自己辯護，愈講愈多，愈講愈激動，語氣也愈講愈重，不想吵架也吵起來。因此，在雙方情緒失控或高漲時，沉默是金。**沉默不是認輸認「低威」，也不是默認子女是對的，而是騰出空間讓雙方可以冷靜**。當家長沉默時，可能子女仍然在大吵大鬧，請家長儘量保持冷靜。吵，要兩個人「合作」才吵起來。如果一方冷靜，另一方也容易漸漸收火。

步驟 3：我要冷靜（立刻冷靜）

沉默，未必可以降溫，父母仍要學習冷靜。不冷靜，什麼都做不到。儘量提醒自己：「發脾氣不能解決問題，我要冷靜，冷靜……」一面對自己説，一面深呼吸，並且用一兩分鐘把注意力由令你生氣的子女和事件，轉換至自己的呼吸上，有助你平心靜氣，不過，還要多試幾次才奏效。

如果你是站着，可以立刻坐下或者把身體靠在平穩的地方，之後繼續深呼吸，讓腹部隨呼吸放鬆和收縮，這是腹式呼吸法。

如果仍然未能冷靜，或者子女仍然不停地挑釁自己，最好暫時離開現場，可以走到廁所洗臉或到廚房喝一杯涼水。不要擔心問題未解決，話未説完。將來一定有機會可以再次處理的。

步驟 4：只針對單一事件

當冷靜後，頭腦稍清醒，可以問自己這一刻最令你憤怒的是什麼？是子女不禮貌？是子女不守約？是一件大事？還是一件小事？抑或想起一些子女以前發生的事？

很多時候，憤怒是累積的（正如之前説是個過程）。**父母對子女的憤怒不單是因面前這件事，可能還累積了子女多次錯失和失誤，從而引發失望和焦急，結果使你今天忍無可忍**。不過，請你還是要對準焦點，一件事還一件事，青少年最討厭父母翻舊帳。你試想，你也不想上司跟你翻舊帳，不想配偶跟你爭執時翻舊帳。而且，每件事的性質和細節可能有所不同，一言難盡。這種做法起碼可以幫助你不用將憤怒升級。

步驟 5：重啟對話

溝通的目的當然是為重啟對話，而不是停在一場爭拗或發洩。但在雙方憤怒時，重啟對話容易令情緒再次升溫，結果只會是互相攻擊和防衛，變成硬碰硬，把雙方的衝突擴大。

如果你感覺自己和子女的情緒可以稍為冷靜，不會立即針鋒相對時，才能考慮重啟對話。家長要把注意力集中在對話的主題上，堅持把話題朝向解決之道，不要被子女的防衛舉動和情緒反應激怒你，或者使你偏離「正軌」，重新掉入憤怒的陷阱，落入責備、羞辱或辱罵。

如果一面談，又發覺自己的情緒再次升溫，可以回到步驟 1-4 重新開始，直至可以冷靜對話。

步驟 6：長遠展望

當自己冷靜而能對話時，嘗試把眼光或焦點由面前這件事拉遠一點，問問自己：「究竟面前這件事，或者子女現在做的事或講的話，長遠來看是不是很大不了？我和子女之間，最重要是彼此長遠的關係，還是執著一時的對與錯呢？」從現在開始算起一年、五年，甚至十年間，你要和子女建立怎麼樣的關係。這才是你要考慮的。

再問自己：「其實我心裏想達到什麼目的？」你打算立竿見影，即時解決問題？現實是，雙方在憤怒當中是無法辦到的。還是先體恤子女，然後慢慢管教。品格要靠關係培養出來的，急不來。

以上由身體、情緒以至思維的調節，都能幫助父母降溫及校正焦點，讓你有更大的空間和氣量面對憤怒中的子女。但世上沒有一蹴即就的溝通解難秘笈，只有不斷的嘗試和操練。所以我鼓勵父母逐次試，逐次練，長遠會見到成果。

> “處理憤怒需要學習和操練，
> 不斷練習，必見成果。

找出自己的情感死穴

處理自己憤怒的步驟有六個，面對子女的更有八個之多，你會感覺吃力嗎？感覺氣餒嗎？感覺洩氣嗎？處理青少年的憤怒是親子關係的最高境界，是最難的部分。世上根本沒有父母可以做到完美。**不用灰心，父母不是聖人。哪個父母沒有出過錯？沒有情緒？世上只有不放棄的父母，肯堅持的父母，肯學的父母。**

你之所以動怒，完全因為你愛惜子女。當你冷靜下來，不妨想想自己常被子女激動的情況是什麼。這些情況可能是你的情感死穴。什麼是情感死穴？可能是你的盲點、按鈕、底線等，例如：

- **盲點（內心的期望）：**原來自己最討厭子女的地方，正是一直討厭配偶的地方。
- **按鈕（最令你生氣的事）：**原來自己一直最討厭別人說自己不是盡責的父母。
- **底線（最不能容忍的事）：**原來我什麼都可以容忍，只是不能容忍別人說謊。

你知道自己的情感死穴嗎？它可能反映你內心對子女的期望，或你跟子女不同的地方等。深一層來說，它可能反映你的價值觀、人際觀、對關係的期望、對自己的期望，甚至婚姻關係。

另一方面，情感死穴也反映一些性別特質的差異，例如大部分母親會特別緊張，看到子女出狀況，就控制不了情緒。如果你是這樣，不妨提醒自己不用太擔心，放長遠目光去看子女的成長。

有些父親因為看見子女對自己沒大沒小，態度惡劣，容易感覺父親尊嚴受損，就憤怒起來。如果你是這樣，不妨問問自己尊嚴要緊，還是關係要緊。

面對子女的憤怒對父母的心靈造成很大的殺傷力。父母要尋找傾訴對象，給自己多點空間。更重要是，夫妻間更要提高彼此的支援力，聆聽對方的心聲。如果你感覺子女真的不能控制情緒，甚至有暴力行為，可能需要尋找專業輔導。

我在輔導室看過很多個案，很多青少年都可以過渡暴風期，而且會有一天轉好的。**人本身有成長的潛在力量，父母的主要責任只是提供一個安穩的環境，子女自然會長大**。即使你今天仍然未能應付他們的憤怒，也不用氣餒。你的子女是會成長的。

“你找到你的情感盲點、按鈕、底線嗎？

給父母打打氣

我曾認識一個有專注力失調及過度活躍症（ADHD）子女的家庭。ADHD 的子女比一般子女衝動，而且常常容易發怒，難以自控。自從孩子小五開始，已經失控。父母想盡辦法，軟硬兼施也沒效。因此，父親已經感到很累，開始想放棄。每當孩子有情緒，父親只會用武力鎮壓。久而久之，親子關係很差，很疏離。這時候，父親對孩子已感到絕望。

直到孩子中三那年，父親在家長日遇上一位社工。社工對他説，孩子有次向社工吐心聲，提到討厭父親，因為父母不愛自己。父親聽到後感到很愕然。自己怎會不愛孩子？原來自己一直所用的方法令子女更討厭自己。

從這一天開始，父親對自己説，不能再用武力去對待孩子，而且一定要多放時間在他身上，與他多傾談。起初兩年，孩子對父親仍然有戒心，不願開放，擔心父親故態復萌。當孩子中五時，父親終於觀察到孩子有變化，開始願意冷靜，願意負責任，「似返個人」。父親終於感覺守得雲開，前後合共花了七八年時間去守候孩子成長。不錯，父母最重要的工夫，就是守望子女的成長。我們不知道哪一天他會完全長大，但是總會等到這一天。

本章金句

憤怒也有其正面意義，它是人原始的防衛機制，保護自己。

練習

練習一：自我檢視

自我檢視是最好的預防方法，確保可以自我控制，之後控制大局。你知道自己在生氣嗎？你知道子女在生氣嗎？你察覺你的表達方式嗎？回答下列問題，查出你是否善於處理子女的憤怒情緒。

- 當我生氣時，我覺得怎樣？想到什麼？

  ____

- 當我生氣時，通常會說什麼？做什麼？

  ____

- 子女在什麼事情上特別容易令我憤怒？

  ____

- 當子女生氣時，我會怎樣？

  ____

- 為了逃避生氣，我會怎樣？

  ____

- 當我生氣，子女會看我像什麼？

  ____

- 當我向子女發怒時，子女通常的反應如何？

  ____

練習二：記錄子女的憤怒情況

每次衝突後，不要不了了之，冷靜下來回想，做個記錄：

時間	地點	事件	對象	反應	表達方式	憤怒後的感覺

這個紀錄有助父母掌握子女的情緒模式，及主要受什麼事激動。將來，父母一方面可以儘量避免，另一方面可以告訴子女，讓他們更了解自己。

- 當子女生氣及發怒時，我看他像？

____

- 他在憤怒的背後，有什麼可能的脆弱情緒？

____

- 他之所以生氣，為了獲得什麼？

____

- 我可以體諒子女有這種需要和感受嗎？為什麼？

____

練習三：尋找自己的情感死穴

把完成的練習向朋友分享，詢問對方的意見，看看自己的情感死穴在哪裏。例子：

針對處事： 沒效率、未完成、拖泥帶水、沒建設性、不盡責……
針對關係： 背叛、漠視、不被明白、不被體諒、不領情、被委屈、他人目光……
針對道德： 說謊、得失得罪別人、金錢價值觀、性價值觀、政治取向、犯法、信仰……

- 盲點（內心的期望）：

____

- 按鈕（最令你生氣的事）：

____

- 底線（最不能容忍的事）：

____

第八章

你講來講去都係呢啲，有冇第二樣講呀？

——不再吵鬧的親子時間

目標：

在忙碌中享用有質素的共處時間，
建立親密關係。

技巧：

與子女談心。

引言

香港家庭十分忙碌，雙職父母每天工作已筋疲力竭，回家後又要忙於處理家裏大小事、管教子女、幫忙溫書，有如打第二份工；即使全職父母也不閒着，由大清早起牀為家人預備早餐一直做家務到深夜，整天忙得團團轉，不知時間如何溜走，也沒有時間留給自己；至於子女，也是上學、補課、補習、興趣班、比賽等密密麻麻的行程……一家人，每天有幾多時間相聚？

記得有一次，我們訪問父母有什麼喜好，很多父母答不上來。不是沒有喜好，而是太久沒有做過喜歡的事：與朋友敍舊沒有空、逛街也是匆匆忙忙、購物就是一擊即中，不能好好放鬆。今天的父母心血都投放在兒女身上，每天為頭家、為兒女忙。談喜好，太奢侈了……

一・來來去去三幅被

由於相聚時間太少，與子女見面也只得追求效率，對話務求一擊即中——

媽媽邊做家務邊說：「回來啦？今日測驗懂嗎？」

爸爸邊按手機邊說：「為何還在看電視？這種節目有什麼好看？快快關機，今天有什麼功課？為何不快快做？」

媽媽邊吃飯邊說：「我們不是想催你，但你晚晚都做到『三更半夜』，明天又起不到牀，我真不明白為何你不可以勤快一點，一回來立刻做，做完想玩什麼都可以吧！將來你長大了，更要早睡早起，難道想上班遲到，給人開除嗎？」

爸爸一下班回來立刻說：「你要懂事：『爸爸媽媽供書教學，都是為你將來，所以你要好好珍惜。』知道嗎？想當年我們哪有這麼好條件……」

子女（終於出場）：「**你哋日日講來講去都係呢𠮶，有冇第二樣講呀？**」

為人父母，誰不想常常與子女輕輕鬆鬆、有講有笑，享受親子樂；可是眼見子女日常的行為，總是忍不住多督促幾句。結果，話題來來去去集中在學業、生活習慣、個人質素這幾條主線上，話題即使沒趣，但作為負責任的父母，怎能不好好管教子女？

要命的是，當子女覺得父母來來去去也是「三幅被」時，他們對父母沒兩樣——「媽，我想買波鞋！」「爸，我要錢去街！」

很多父母慨歎自己在子女心裏只是提款機，要求子女一起外出更只可「利誘」，親情蕩然無存，實在不是滋味！

一家人為什麼無話可說？

1. 重「功能」輕「關係」的氛圍

香港是個高度競爭的社會，重視功能的價值觀，無可避免地滲入家庭。由選擇奶粉開始，到以什麼語言與子女交談、選擇玩具……周遭的環境和氛圍，無不鼓吹家長朝向「搵到食」的目標。幾多家庭在子女升小一前一年，每逢週末的親子活動是小學面試，幾多父母遭心儀學校拒絕後會失眠慟哭。子女升小學後，家庭生活是陪子女做功課、操練、興趣班接送和比賽，即使親子都感無奈也要繼續。

栽培子女當然重要，但這種「搵食思維」對家庭的最大影響，是令父母太焦慮，無法平衡親子關係，不知不覺間也栽培了子女的「搵食」能力。有時會在街頭聽到香港父母與子女這種交談——

（茶餐廳）

父母：「你想吃麪餐抑或飯？」

小學階段的子女：「麪餐。」

父母：「麪的英語怎讀？Noodle。怎串法？對了。『我想吃麪餐』，整句如何讀？」

當一家人全天候被這種氛圍滲透，溝通很難不厭煩和乏味。**因此，在高壓的社會，家庭更要重視有質素的相處時間，培養「感情」而非只着眼於「解決問題」、「提升競爭力」。**

2. 對情感交流感到陌生

不少青少年父母對情感交流感到很陌生。畢竟，我們成長於華人社會，情感表達相當含蓄。父母童年時都沒有經歷過被父母親吻、擁抱、陪伴、玩樂，沒有接觸過父母溫柔的眼神、親切的鼓勵和肯定。他們口中的上一代父母：「他們很少理會自己，不過都幾好，好自由！我都無學壞。」「他們口中不會講，不過知道他們愛錫！怎知？（苦苦思索數分鐘……）總之知啦！」他們心底渴望被愛錫，但又同時覺得十分肉麻、不習慣。

對於不習慣情感交流的人，情感交流的確有些可怕。這些父母可能經常與子女交談，但卻沒有「情」的交流。有些父母努力踏出第一步與子女談談心，可是由於太生硬，被子女嫌棄，於是又退回那個冰冷的殼裏，非常可惜！

逃避情感交流

久而久之，這些父母會以種種理由逃避與家人情感交流，他們會：

- 百務纏身，工作、家務總是一項接一項，總是找不到人幫忙，以致沒空跟家人好好談心；
- 各有各忙、互不相干，又因大家口味不同、不能遷就而各自用膳；即使同桌吃飯也會各自低頭玩手機；
- 與子女談話、玩樂時總是心不在焉，令子女感到「無心」；
- 有時遇到子女忽然心情好，向自己講了很多心事，心裏其實十分高興，卻又只會以硬繃繃的道理、分析對錯、教訓對方來回應，令子女打退堂鼓；
- 常常淡化家族發生的大事，例如在吃飯或看電視時將一些大事漫不經意地説出來，例如：「我們遲些搬屋。」「七叔七嬸分開了。」然後若無其事繼續吃飯看電視。

3. 青少年子女不再需要父母？

很多青少年父母以為，不是自己不願陪伴子女，而是子女不願再和自己在一起，他們老是約了朋友去玩，或是關在房裏。這種「被子女遺棄了」的苦澀，使父母感到自己不再重要，成了後備電池，這種失落，難以言喻。

青少年的主要成長任務是逐漸離開父母，邁向獨立自主。升中之後，子女的個人獨處和與朋友活動的時間驟增、減少參加家庭活動。雖然這是子女成長必經之路，然而不是説父母不再重要。青少年子女仍是非常重視父母，只是需要的形式不同，父母的角色也相應轉變。

- 青少年希望與朋友探索這世界，但仍想讓父母聽他們的冒險故事。他們希望父母給他們讚歎、肯定和享受的笑聲，好讓他們有勇氣繼續探索；
- 遇到困難時，他們自然地向朋友傾訴，可是仍希望有成人的支援。他們希望父母聆聽心聲，給他們鼓勵，又分辨到他們的真正難題，給予具體的意見；
- 有時他們心中的小孩模式仍會出現，希望父母在無人看見時親親自己、晚上仍偶然會想父母陪睡閒扯、喜歡父母與自己玩些遊戲等等。只要一家人維持良好的親子關係，父母仍可享受與子女親密相聚的時刻。

我們曾舉辦過不少青少年家庭營，在營中透過體驗遊戲，讓父母應用前面章節所講述的同理心、讚賞、鼓勵等等。營會尾聲時，不少父母經驗到子女的轉變，由來時的「黑口黑面」變成「開籠雀」，向父母訴説很多心事！由此可見，**青少年子女不是不想跟父母談心，只是所需的時間和形式轉變了，父母應更重視每次相處的質素，建立親密關係**。

萬事起頭難，不習慣談心的父母，堅持多試一兩次便會慢慢習慣。子女仍等待你，雖然他們對你忽然變得忸怩作態而有所猜忌、或説不在乎，但他們絕不是嫌棄你。下文將會具體提及如何「談心」。

“親子間無話可説只因沒有嘗試去説。

二．家庭的 Happy hour

如要建立親密的家庭關係，家庭每星期應設定家庭 Happy hour（歡樂時光）。「**家庭歡樂時光**」是指：**家庭成員固定撥出一段時間，暫時放下外間的責任和重擔，只專注於與家人相處，一起談心或從事輕鬆和享受的活動，交流情感、培養良好的家庭關係，讓家人感到被重視和被愛。**

家庭歡樂時光的作用：

- 讓家人認識對方的興趣、能力和面對的挑戰，事實上每個家人都會經歷不同的成長階段，尤其青少年的變化更大，父母需要持續更新對子女的認識。
- 讓家庭成員一同面對家庭面臨的轉變（transition）。轉變很多時是家庭危機的成因，如孩子出生、父母轉工和收入改變、子女踏入青春期、父母踏入更年期、親人離別等等……都是重大的挑戰，需要家庭成員互相諒解、配合、支持來渡過。能跨過危機的家庭，大家的關係更見穩固。
- 建立良好的親子關係。良好的親子關係就像一個存款充足的銀行戶口，管教時需要用上規勸、教導、處罰等，子女可能會生你的氣或反抗，但若戶口內有足夠的儲備，子女最終會信任你的管教於他有益，是為他好。至於惡劣的親子關係就像空空如也的戶口，雙方沒有信任基礎，一旦管教起來，子女便劍拔弩張，處處作對，甚至出口傷人。因此，平時為親子銀行積蓄，對管教青少年子女很管用。

設計家庭活動宜忌

因着口味或體能的差異，有很多活動未必適合這個年紀的父母和青春期的子女一起參與。據觀察，現時青少年子女較多與父母進行的活動是吃飯、看電視、閒談、逛街，也會玩紙牌遊戲和假日外遊。相較於朋友，青少年陪父母去街可以「食好㢧」、「買靚㢧」和「玩好㢧」，而平時父母理應較朋友容易相約。然而很多父母會認為這些供應太物質化了，子女好像貪圖父母會「找數」和「就手」。的確，如果沒有陪伴，這些只是物質供應。**但如果把這些活動轉化成相聚的歡樂時光，父母細心留意子女喜好，這些物質就盛載着一份心意，作為愛的傳遞，讓子女感受到父母的關心。**

有時子女沉迷的個人活動，也可以轉化成互動和共同的親子活動，譬如有些父母陪子女「煲劇」、打機，也可增進親子關係。親子相聚，不在乎活動的性質和數量多寡，而是當中的相處質素。

另外要注意，切勿把輕鬆的家庭活動變成訓話或衝突的局面。有時父母未能放鬆，一旦在活動中想起子女一些問題，或是活動過程中見到他們不理想的行為，又或者在商量過程中意見不合，會即時訓斥子女或爭拗起來，結果不歡而散。父母可以選擇忍一忍，等候合適的時機和場合才與子女討論。

“親子 Happy hour 有助建立關係，
彼此認識和共同支持。

三・如何談心？

應在什麼時間進行？

如果父母與子女平日太少交談，應先一起訂下一個共處的時段，建議是：

- 如果一家人只有一天在一起，可以是每星期至少有一小時，最好是固定時間，成為習慣；
- 如果你的家庭每日都會一起晚飯的話，可以是晚飯後 15 分鐘至半小時；
- 如果你有多過一個子女，除了一家人共處時間外，鼓勵你逐漸增加每星期與他們個別獨處的時間。

家庭治療師 Virginia Satir（維琴尼亞・薩提爾）提出了家庭談心的幾項項目，都有助促進親子關係。筆者因應實戰經驗，作了一些改動，提議以下這五個主題：

1. 情緒天氣報告

每人輪流描述自己當刻的心情，並解釋原因。

「分享情緒狀態」最適合用來打開 Happy hour 的序幕，因為青少年的心情很影響他們對討論的投入程度，一開始分享各人當時的心情，有助青少年舒緩情緒，更易進入狀態，亦有助父母掌握子女情況。

如果子女不太擅長描述感受，可以用以下方法：

- 以晴天、陰天、雨天、行雷閃電等等天氣狀況形容心情；
- 以 1 至 10 打分形容心情，1 分代表心情很壞，10 分代表非常好；
- 如果連話也不想說，可以用身體語言，如用手比劃高低程度，愈高代表心情愈好。

緊記，這是一個輕鬆的時間，如果子女不欲多講，或者你覺得他口不對心，也不必勉強，父母做了示範便可。你可以說：「不要緊，一會兒想說才說。」這樣，子女會感到你尊重他們。

2. 欣賞對方

每人輪流講一項這星期內欣賞其他家人的地方，內容必須具體。例如——

> 媽媽：「我星期一病了，你主動替我抹地收衫之後，才上街打波，你這樣『生性』，我真的好欣慰呀！」

對於讚賞應注意事項請參考第六章。緊記，不論子女表情如何，他已甜在心裏了。

另外，當子女表達對你的欣賞後，你可以回應，例如——

> 媽媽：「聽到你這樣說我好開心呀！」

回應能鼓勵子女多講欣賞的說話。

如果你覺得子女的欣賞說話是在敷衍，也不要緊，簡單地一句「謝謝」便可。只要你繼續認認真真地示範，便能起潛移默化的作用，他們會漸漸認真對待。

3. 提出一件不滿的事情和改善建議

每人輪流提出一項這週內對家庭的不滿，而其他人只是聆聽，不可動怒爭辯。例如——

> 子女：「我快要考試，但你們看電視的聲浪太大了，我根本不能集中精神溫書。」
>
> 父母：「這的確是難集中（同理心），你的建議是？」
>
> 子女：「調細聲浪啦！」

- **聆聽而非裁判**：這一項往往是大家最花時間的，因為要互相聆聽、作出建議、討價還價和定下執行細節，建議大家參考第三章「我的訊息」和第九章「訂立溝通規則」。父母緊記這時的角色不是做裁判官，判斷誰是誰非，而是鼓勵家人互相聆聽，聆聽的作用是疏導情緒和彼此諒解。

- **不宜逃避爭議**：有些討論需要較長時間思考或搜集資料，所以不一定要立刻有結論。然而，父母也要留意，如果你不同意某些意見，應溫和地以明確的態度表達立場，不可以用拖字訣，否則子女便不會再與你好好討論下去。有時父母感到子女很難纏，不想消耗太多精力，可是明確的溝通需要「誠意」，只有誠意才能打動子女，與你同心處理問題。

然而，如果在討論中爭議太大，鼓勵各人聆聽對方意見後可暫時擱下，若家人曾累積誤解，可能需要較長時間聆聽才能開始理性討論，在這種情況下，不須強求每次也要有定案。若然爭拗升級至開始失控，可參考第七章處理青少年憤怒，宜暫時中止討論，分別安撫各人情緒。

- **不合宜情況**：如有家人情緒容易過激失控，或使用攻擊他人的言語，這情況下暫時未適合一起討論。父母可另外找些輕鬆的時間，如相約個別家人用膳、購物時的下午茶時間或閒談中帶出話題，聆聽他的抱怨和投訴，化解當中的怨氣，待情緒受控或同意遵守溝通規則時，才適合全家人進行磋商。

4. 交流新資訊

每人用「我的訊息」分享一件這週內關於自己、家庭或家族的新資訊，可以是純粹分享感受，或是邀請全家人一起討論，例如——

> 爸爸：「這星期公司趕貨趕到『氣咳』，累死我了，有時間真想好好休息一下！」

切記每人只是分享個人感受，不要變相教訓他人，例如：「爸爸這樣辛苦都是為了你，你要有出息啊！」

不宜談論一些關於夫婦和親屬之間的問題，例如埋怨配偶種種不是，或是婆媳糾紛等等，因為這些是子女無能為力的事情。作為父母，我們應給子女一個訊息，就是父母有能力處理成人之間的事情，不需他們介入和操心。

5. 分享轉變和討論

不論好壞，也可以在這時段宣佈，讓各人能表達個人感想，好好消化事件。

> 爸爸：「小明的爸爸媽媽離婚，我們之前都傾談過，不過都沒什麼可以幫忙，好可惜。不知大家有什麼感受呢？」
> 女兒:「……唔知喎！……相處不到離婚都好！好過終日嘈吵！」
> 兒子：「……那麼小明以後怎樣？」

或者你會覺得，這些事很難和子女談論。但他們總會從不同渠道獲得這些消息，而你一直不說的話，容易向子女傳遞一個訊息，就是「不愉快的事件是秘密」，大家都應隱瞞，裝作沒事發生。可以想像，如果日後子女發生了什麼事，也會感到難以向你宣之於口。

子女的回應讓你可以了解他們更多。像上文例子，不知你有沒有機會跟子女談過婚姻觀？現代的青少年對婚姻很矛盾，你可以把握機會與他們談。再貼身一點的討論是，「父母離婚，孩子怎辦？」在他們心底裏，會否也擔心父母的婚姻？青少年可能抱着很多疑慮，就讓大家坦誠交流，彼此了解。

或者你擔心不知如何回應這些課題，或子女問了很多問題，自己不懂回答，豈不羞死？我們只需要彼此分享「感受」，互相了解便已足夠。**父母不是聖人，不用全知全能。與子女一起掙扎、一起尋索，能令子女感受到你們是真真實實、與他們同行的父母**。

6. 分享願望

願望是壁爐裏燃點着的那個火種，為家庭帶來熱誠和光采，驅動家庭滿有動力地走向未來。有夢想，家庭就有盼望！願望可以是：

- 舉辦某些家庭活動，如享受一頓美味的晚膳、參與一些新遊戲、設計一個新穎的家庭活動，或一次夢寐以求的旅行體驗；
- 對家庭成員面對轉變和挑戰的盼望，如父母將轉換工作，子女要應付大考，要搬家等等。不過，與第 4 點不同的是，所分享的是願望，例如 —— 媽媽：「我希望新工作減少 OT，可以多些回家吃飯，更可以有時間做運動 keep fit ！」
- 家庭成員長遠的願望，如夢想的職業、生活方式和心願。「夢想」可能是兩代間很難及的事。很多父母已屆中年，在社會打滾多年，每天要為家庭的生計而勞碌，深感夢想不能當飯吃，因此期望子女踏踏實實找工做。不過，在青少年階段，夢想是不可或缺的一環，燃點他們的學習動力，幫助他們設定人生目標的重要燃料。青少年的自我尚未定型，夢想天天在變，父母不須太在意，只需要給機會他們說出來，陪他們一起造夢，興高采烈一番，給予鼓勵便可。

實行時會遇到的困難

1. 時間運用

如果每次只有 15 至 30 分鐘，建議選擇一些簡短、正面和不易引發爭拗的分享內容，如情緒天氣報告、欣賞對方和報告簡單的新資訊或願望，建立正面的關係。不過，家庭不應逃避處理不滿，以免累積怨氣，釀成更大的衝突，可待有充裕時間才處理家人的抱怨。另外，父母請儘量準時開始和結束，切勿花太多時間等待遲來的家人，也儘量不要超時，否則，下次會更難約會子女。

2. 討論散亂

由於這是輕鬆的時間，一家人很容易閒扯，或是輕鬆惹笑、或是插科打諢；父母切勿當是公司開會，強制執行，要是話題扯得太遠，可以平心靜氣邀請子女歸回正題便可。

3. 執行決定

若一家人對某決定有了共識，便應該執行，不應反口、拖延或不了了之，因這是對家人的承諾。如果子女一方未能守諾，父母需好好跟進，了解原因；若是父母一方做不到，應誠心向子女解釋箇中難處。人無完美，父母也會有難處和不足，只要坦誠告訴子女便是了。青少年可能會難以接受父母失信，感到不忿，也會因為得不到想要的東西而失望，這時候，父母緊記以同理心接納他們的失望之情，便可化解心中的鬱結。

“談心是不論欣賞和抱怨，
也可以坦誠分享。

四・愛是以陪伴傳遞

有一對父子，兩人均較內向寡言。父母在兒子童年時常忙於工作，疏於培養感情。兒子踏入青少年階段，為兒子學業和日常瑣事，父子摩擦漸多。一天，父親氣得要命，衝口而出叫兒子去死，兒子竟然應聲攀窗，幸好被其他家人急忙拉回來。父親發現事態嚴重，於是與兒子約見輔導。

在輔導中，兒子釋出多年的怨恨，輔導員引導父親聆聽兒子的心聲。兒子表達對這個家的傷感和遺憾，因為父母與他很少溝通，家人情感淡薄；他不覺得父母愛他，只會着緊他的成績，又迫他做一些他不喜歡的事，如學空手道。父親默默聆聽，表示了解兒子更多。

輔導員亦引導不諳詞令的父親表達自己的心意。由於兒子從小很少表達自己，父親一直擔心兒子像自己一樣太內向，可是又不曉得如何引導他，感到無從入手。父親童年時因內向性格常受欺凌，有冤無路訴，他只懂啞忍，忍到極點便情緒爆發。他擔心兒子也會被欺凌，於是強迫他去學空手道，可是他從沒有告訴兒子這個原因。兒子當時默默在聽，沒表示什麼。

輔導員建議父子以「家庭 Happy hour」方式談心，鼓勵他們多一起活動。一段日子之後，父親與兒子旅行數天，一起登高、購物和吃小食，還興之所至跳進河裏捉魚。回來之後，兒子表示很開心，又說父親最近話多了。輔導員問兒子：「覺得爸爸愛你嗎？爸爸想你學空手道，方法不是太好，但能明白他背後的善意嗎？」兒子含淚點點頭。這刻，他感受到了。兒子最渴望爸爸的陪伴。

給父母打打氣

家庭的Happy hour，能讓家人彼此分享、互相祝福、開放、共同進退，成為滿有盼望的羣體。

在培育子女時，我們常要問一個問題：我們希望子女將來懂得享受到愛的美妙，還是只求安穩的生活？高度競爭的社會叫人着眼於實質成效，但正如名著《小王子》一書所言：「真正重要的東西，是眼睛看不見的。」親密關係是看不見的，不能量化成效。

有很多人認為育有殘障子女的父母，人生必是充滿悲痛和擔憂。然而，這些父母經驗到的是，子女會用整日時間盡心、盡意、盡力、盡性地只為父母畫一張卡，他們會全心全意地仰望父母、依靠父母，他們會用心記着父母一些不經意的説話……讓父母發現自己的價值。這些父母不會計較子女在社會上有無經濟價值，仍然對子女不離不棄，單單因為他們是自己的子女……這些經歷，讓父母體會到上帝對人那份無條件的愛，成為他們生命最大的祝福。

今日很多家庭育有健全甚至是聰明的孩子，卻活在不足、追趕和孤獨疏離的痛苦深淵中，失落了人間最重要的祝福，豈不可惜？

愛能感應、享受、連結、共鳴，那美妙不能言傳，只有親自體會過才曉得。只有懂得愛，人生才會無憾。

本章金句

一家人在一起，原是為了享受愛。

練習

相約一名子女，找一個輕鬆的時間，例如散步、吃飯，或是遊玩、行街途中，嘗試以下對話：

1. 詢問他今天的心情，然後表達自己的感受。
2. 表達這星期對他的一項欣賞事情，詢問這個星期有沒有欣賞父母做過的什麼事。
3. 主動提出一件子女曾表達不滿的事情，邀請子女詳細講述，表示你會多聆聽。用我的訊息表達一項你希望子女改善的事情，若沒有什麼把握能好好談，可暫時刪去這一節。
4. 告訴子女一項關於你的新資訊，也請子女告訴你一項關於他的事情，表達你只是想多了解他，若子女不欲多講，可由得他。
5. 分享你對家庭的一個願望，可由一些簡單的家庭活動開始；也詢問子女有沒有什麼想法。

對話完結之後，記下你的感受。你享受這樣的對話嗎？

____

____

____

____

____

∶∶當子女說你好煩∶∶

第九章

訂立溝通規則

目標：

發現無效的溝通方式。

技巧：

訂立增進感情的溝通規則。

引言

讀了幾章後，相信父母對各種溝通的基本技巧和心法有更多理解，對與子女溝通有一定幫助。不過不少父母仍會遇上子女無故閉口不言，或是冷不防對你說：「收聲啦！」到底為什麼會這樣呢？

原來每個人慣常使用的説話方式，都從平日與人相處時學來的，這些方式大部分是不自覺的。言者無心，聽者有意，產生不必要的誤會，令對方感到不想再説下去，青少年子女便會直接地以「收聲啦」結束對話。

這一章我嘗試列出不同場景所觀察到的説話方式，這些方式成為溝通的障礙。而針對這些方式，我嘗試為家庭溝通訂立一些規則，希望家長善用，有助一家人溝通暢順。

第一則：每人應有均等說話的空間

處境：重複的話

子女一向成績平平，父母發現他們沒有多放時間溫習，反而課外活動愈來愈多姿多采，令人好不擔心。今天，子女表示週末還要去做義工。

父母：「你想去做義工助人是好事（同理心），但都要先溫書，否則將來怎辦？」

子女：「……」

父母：（為何不造聲？究竟明白嗎？）「自己都自顧不暇，還怎可以幫助人，好好讀書，將來要幫誰也可以。」

子女：（千萬別反駁，否則沒完沒了）「……」

父母：（還不造聲，怎辦？）「不是禁止你，只是你想幫人先要幫自己，……」

子女：（到底他何時說完？）「……」

父母為何會不斷重複？如果靜下來感受一下，心裏充斥着的是不安，擔心子女沒有接收到重要訊息，影響人生和前途，重複說話的背後是對子女的愛護之情。可是子女聽到的盡是父母反對的話，或是感受到一份追迫和不信任，便不欲回應。於是父母不自覺重複說話，令子女不勝其煩。

拆解

首先，可以使用我的訊息——

父母：「你想去做義工幫人是好的，不過我擔心太多活動會令你對學習分心。我希望你優先做好功課，然後再分配做義工的時間。你看怎樣？」然後心裏安慰自己：「我雖然擔心，但不能重複説話，要讓子女有均等説話空間。」

如果子女仍沉默，你可以這樣説——

父母：「我想聽聽你的想法，你對我的話同意與否都不要緊，我們可以傾下。」

“減少重複和追問。

第二則：多求證、多澄清

處境：猜測子女心意

子女測驗後失去自信心，父母很想安慰他。

子女：「這次測驗真的很難——」

父母：「我知道難（同理心），但不用擔心，盡力就行。我都有困難的時候……（自述很久）所以盡力就行。你認為有何難？」

子女：「……我覺得自己總不會做——」

父母：「只要你有溫書，就不會不懂。我有一次……（又自述了很久）就這樣解決啦！」

子女（唉！幾時先講完……）：「……」

拆解

以上例子，到底子女為什麼覺得這次測驗很難？為什麼他總認為自己不懂？仍是一個謎。因此，鼓勵父母探問子女情況時要多作澄清，避免猜測子女的意思。

子女：「這次測驗真的很難。」

父母：「看來不容易。（同理心）你覺得難在——？」（澄清）

然後心裏勸導自己：「我雖然知道如何做，但多些放手讓子女自行解決問題吧！」

子女：「唉！我覺得自己總係不懂答題。」

父母：「你似乎沒信心！（同理心）你認為自己不懂回答意思是？」（澄清）

子女：「我上次溫了書，成績還不及沒有溫那次，我覺得自己總會栽在這科！」

父母:「原來如此。你的意思是，那兩次測驗都一樣難嗎？」(澄清)

子女：「上次艱深多了。有一條仲出得好奸，只有三個同學答對，我是其中一個。」

父母：「嘩，好厲害呀！你是怎樣完成的？」

多澄清問題，引導子女發現自己的能力，比直接給他們答案更好。

處境：不揣測子女動機

青少年子女常會對父母許下一些改正承諾，可是行為依舊，令父母感到無可奈何。對於這些屢勸不改的情況，青少年子女卻很少解釋清楚，父母只好自行想像。

- **揣測動機：**

  你不肯嘗試，就係不思進取！

  平時沒見你遲到，一到我要求準時你就遲到，你根本就是故意！

  一做功課就喊肚痛，你根本就是不想做，搵藉口！

- **以偏蓋全：**

  每個人都做到，為什麼獨有你老是做不到？

  正常人一有事就找醫生，你總要忍無可忍方説出來，你是不正常的嗎？

父母這樣説，很多時不是為了罵子女，而是擔心子女行差踏錯，好心提醒，但沒有留意到這可能只是個人假設。這些假設會令子女感到父母「睇死」自己，憤然拒絕溝通。

拆解

如要應對上述處境，可以先以「我的訊息」開始，例如——

父母：「阿仔，我見你最近一做功課就肚痛，要不斷上廁所，而且愈做愈無心機，我好擔心你的健康。你做功課遇上什麼困難嗎？」

子女：「我都不知道，一打開功課就感肚痛。」

父母：「你都不明白為何這樣。（同理心）那麼你做功課時覺得怎樣呢？（求證）」

子女：「愈來愈難，做極都做不完！有時做到腦閉塞，走去看一下電視，你們就罵我偷懶！」

父母（明明已看了幾句鐘電視……記得，要忍）：「這樣說來，做到累了都好想休息一下。（繼續使用同理心）」

子女：「係囉！又終日催我溫書，我根本不懂，溫習又有什麼意思？」

父母（不懂就放棄嗎？算罷，不要在這時候跟他爭拗）：「不懂又要溫習，的確辛苦！（同理心）」

子女：「係囉！你們只會數落我，都不懂幫我！」

父母（現在不是幫你嗎？算了算了……）：「你想我們多幫你忙。（同理心）」

子女：「幫不到了！你們只會讚表哥嘛，我不可能追到他的成績了吧！」

父母（你以為我不知道你嘲諷我？放過你吧！）：「看來你似乎失去信心，想放棄了！」（同理心）

談到這裏，父母大概猜測到子女頻去廁所可能是學習壓力帶來的身心症狀（somatization），即是心理壓力以身體不適表達，例如胃痛、肚瀉等。這些症狀在本地青少年十分普遍，根據近年多方調查顯示，中學生的焦慮程度一般達至中高水平。

對父母來說，可能常見到子女根本沒有溫習做功課，不是軟攤在梳化看電視，便是「打機」，到半夜三更才打開功課，很難理解這情況為學習壓力。事實上，當人感到超出負荷的學習壓力，表現之一便是逃避，逃避只會令子女難以完成責任，帶來更大的壓力和內疚，所以幫助子女處理壓力是很重要的。只要掌握子女真正困難後，便可提出具體建議。

- **具體的讚賞**：表哥是表哥，你是你，在爸媽眼中，你 EQ 同社交能力都好突出，這真是你獨特的能力。（確立自我，不作比較）
- **我的訊息**：之前我擔心你遇到困難不肯面對，才不斷督促你，不是想袖手旁觀。
- **提出具體建議**：我提議把功課分成三個部分，完成第一部分大約要一小時，然後小休，再做下一個部分，你覺得怎樣？

“多求證、多澄清，
父母便能準確掌握子女的需要。

第三則：表裏一致的溝通

處境：要求子女猜想自己的想法

父母：「你有什麼要向我說？」

子女：「……無！」

父母：「無？你想清楚？」

子女：「什麼呀？你想說什麼呀？」

父母：「你真的不知道？」

子女：「咩呀？你想點呀？」

父母：「剛才親戚探訪，你一直躲在房間，沒出來招呼人，你不認為自己有問題？」

子女：「收聲啦！你先有問題！」

不少父母期待子女自動自覺發現問題，自行改善。像以上例子，父母期望子女待人有禮無可厚非。可是青少年正值渴望自主、抗拒權威的階段，除非這些親戚跟他們很親密，否則怎會「替」父母招呼人？所以父母覺得重要的事情，子女未必有同感。

拆解

「表裏一致」的溝通，是指「心裏所想」跟「表面」(包括「説出的話」和「身體語言」) 是一致的。例如上述例子可用「我的訊息」表達——

> 父母:「剛才親戚來到，你一直躲在房間沒有出來。我知你和他們不怎親近，不知怎對話，不過他們來訪，只是想和我們一家人見面。希望你下次出來坐坐，招呼幾句才入房，可以嗎?」

勿胡亂開玩笑或使用弦外之音

有時看笑話或諧劇，會聽到很多「弦外之音」，讓人會心微笑。可是這些説話技巧若應用在親子溝通之上，後果可能不堪設想:

- 你真的了不起，走那麼快，不用理會我們啦，我們算什麼呀?
- 小明真的乖，不像有些人終日只會頂撞父母!
- 聽我勸，你不要那麼單純!你當人家是朋友，人家只是利用你!
- 説笑而已，你這就生氣，好小器!

有時父母對子女的行為有微言，想以開玩笑的方式提點，以免引起衝突，冷不防子女的反應不似預期，這些弦外之音，對他們來説是單打、挖苦和貶抑，因而感到生氣。鼓勵父母如果對子女行為有意見，還是使用表裏一致的溝通，把心裏所想直接表達，令子女容易明白，才能達到有效教導。

處境：與子女爭辯

子女要求取回利是錢，但父母認為子女未懂得好好管理金錢——

子女：「利是應該給我，你不應該收起！」

父母：「如果給你，你一下子就花掉，還要揮霍在無謂的地方！」

子女：「什麼無謂呀？」

父母：「你以為我不知道嗎？你想買那些貴得很的名牌波鞋！做人不要那麼虛榮呀！」

子女：「錢是我的，如何花由我決定！」

父母：「是你嗎？豈不是我先派利是，你才收到嗎？」

子女：「總之人家給我，就屬於我，你還給我！」

父母：「啐，你根本沒法說贏我啦！總之我不會給你胡亂花費，你休想！」

子女：「收聲啦！你正衰人！」

拆解

不少父母能言善辯，子女不是對手；有些父母又想訓練子女辯才和積極爭取的心態，以增強子女的競爭力，故常與子女爭論。但這種方式只能助長親子間爭鬥的心，使失敗一方深深不忿，無助彼此情感的滋養。還是鼓勵父母多用「情」與子女溝通。例如——

子女：「我的利是你應該還給我，不應該收起！」

父母：「你想要利是錢？好的，我們討論一下，你打算怎樣花？」

子女：「無呀……錢是我的，我可以決定如何用！」

父母：「是時候讓你學習理財，不過千多元，我擔心你一不小心全花掉。不如我們計劃一下，你有什麼想買？」

處境：使用模稜兩可的說話

子女從小參加中樂團，訓練有素，今年卻表示不想再參加。父母想到對子女長期的栽培要中斷了，不免感到可惜。

子女：「我不想再參加中樂團啦！練得太多好辛苦！」
母親：「我都明白很辛苦，不過你練了好多年？」
子女：「這又如何？」
母親：「想學不想學，都要看你的想法！有時喜歡又未必怕辛苦，暫停又並非不再辛苦。」
子女：「怎麼啦？」
母親：「你問爸爸啦！」
子女：「我問了，他容許我自己決定！」
母親：「好吧，待下學期才算啦！」
子女：「又怎麼啦？玩弄我呀？」(如果下次你問我，我才不理你！)

拆解

有些父母心裏已有主意，可是又不想做「醜人」得失子女，或者不想與固執的子女爭持下去，於是說些模稜兩可的話，期望藉他人的口勸服子女，或使用拖字訣不了了之，希望「船到橋頭自然直」又不引起衝突。但這方法屬於不直接的溝通，子女當刻無可奈何，但卻會影響以後的溝通。因此不論有多麻煩，彼此意見有多不同，溝通還是應表裏一致，採用說話協商的解決方案。

處境：討好子女

有時，父母在管教上走向另一極端，就是凡事都問子女要不要、好不好，又不敢詢問子女因由，擔心子女不開心。這樣給予子女過度自由，使他們變相成了一家之主，誤以為凡事由他們決定，不懂得尊重父母。

有一些父母則是對處理不同意見感到困難，害怕直接要求子女他們會發惡，引起吵架、混戰，故連日常一些簡單的事情，也會對子女討好、利誘，結果給子女掌握大局。

父母：「你想去探婆婆嗎？」

子女：「不想。」

父母：「為什麼不去呀？去啦，好嗎？」

子女：「不去！」

父母：「去吧！要尊敬老人家嘛！之後我陪你 shopping 同吃大餐，好吧。」

子女：「你好煩呀！待我考慮一下！不准再問！」

在子女長大成人之前，父母仍是一家之主，有管教的權威，只是這個權威不是硬繃繃的以「我話係就係！邊個敢唔聽？」的形式出現，而是恩威並施，恩慈和界線並重。父母可為家庭持守重要的傳統，也可把做人處事的要求，清晰向子女傳遞，這樣可增強子女對家族的歸屬感，塑造子女品德。

拆解

父母：「下個星期五是假期，我們一起去探婆婆吧！」
（直接提出要求）

子女：「我不去了。」

父母：「為什麼呢？不便嗎？」（探索原因）

子女：「是呀，我已約了同學出去玩。」

父母：「噢，那麼快約了！我都明白假期是想約朋友去玩，但婆婆行動不便，她會很想你探望她。（同理心和我的訊息）如果你先去婆婆那裏待一會，然後再找同學好不好？（建議和商量）」

子女：「不可以！他們去踏單車，都不曉得如何回去找他們。」

父母：「的確很困難。（同理心）怎辦呢？我們只有這日可以一齊去。」（商量解決方法）

子女：「我星期六自己去探婆婆吧！」

父母：「你獨個兒去？」

子女：「是呀，有問題嗎？」

父母：「好乖呢，你對婆婆有心，她一定好開心！（讚賞）這次分頭去吧！不過我想婆婆會想見到我們一齊去，下次你約朋友時和我約好時間，可以嗎？（商量）」

很多父母覺得子女不講道理，沒什麼商量餘地。如上述例子，如果子女與婆婆關係良好，不會故意拒絕。父母可直接表達你的要求，並了解子女的想法，再行商量，讓子女知道可以與父母有商有量。

處境：把子女的選擇與自己掛鈎

父母勸過子女很多次，不要對將來存太多幻想，要擁有獨立經濟能力才可以談理想，可是子女總是不明白，而且愈走愈遠。父母不禁失望，子女是否沒為將來設想過？

父母：「你將來想做音樂創作？做這個『搵唔到食』！」

子女：「這是我的夢想！」

父母：「好，你做創作吧，我不反對你了。由今日起，我家不再外出吃飯，不去旅行，儲足夠錢，免得『臨老過唔到世』啦！」

子女：「我費時同你講！」

拆解

父母為子女付出，不一定期望子女有成就，往往只是期望他們將來能養活自己，過到好日子。因此，子女表現未如理想，或者有些看來不切實際的夢想，都會教父母十分失望，甚至替他們焦急。可是，將子女的選擇與自己的想法掛鈎，子女未必明白父母的苦心，反而使他們產生歉疚，以為「走自己的路是對不起父母的」，以致在成年後仍常常光講夢想不敢嘗試，在恐懼和追悔中苦苦掙扎。

> “只有「表裏一致的溝通」，
> 才使子女明白父母的想法和感受，
> 收教導之效。

第四則：容許表達負面感受

一般家庭對於表達正面感受沒什麼異議，但對負面感受則顧忌重重，尤其是以下的情況：

處境：表達負面情緒

女兒：「唉！」

父母：「什麼事呀？有什麼不開心？」

女兒：「無呀……」

父母：「你開心我就開心，你不開心我也會不開心。見你這樣我整晚都會睡不好，所以你千萬別胡思亂想啦！」

女兒（裝開心）：「得啦！我好開心呀！」

情緒對我們來說較陌生，很多父母以為「唔諗就無事！」在父母一代的成長中，很少經歷情緒被安撫的經驗，面對不愉快的事，往往要以不去想、忘記它的方法處理，在心理學上，這些方法叫做「防衛機制」。然而，負面經驗不是沒有了，而是壓抑到心底去。很多時遇到一些類似的處境，便會投射出來，例如我們面對子女，便會投射很多過往負面經驗的情緒。父母面對子女有時出現過量的焦慮、過激的反應，自己也説不出所以然來的，往往便是這些投射的影響。

因此，幫助子女正確處理情緒便很重要。情緒需要被明白，人才會感到安全，才能平靜下來。

拆解

父母：「什麼事呀？為什麼不開心？」

女兒：「無呀……」

父母：「我明白有時有煩惱不想向人交代。你如果想說，隨時告訴我。」（同理心）

女兒：「……說都無謂啦！你都幫不到我。」

父母：「話雖如此。不過有時自己收藏心底，只會感到辛苦。」（同理心）

女兒：「……Fiona 要轉校。」

父母：「你失去最好的朋友，以後不知如何？」（同理心）

女兒：「嗯，只有她明白我。她走了，以後只有我一個人，什麼都沒有了。」

父母：「可以想像你會好孤單。這段時間，我一定會陪你過。」（同理心和陪伴）

女兒：「我會永遠失去這個好朋友嗎？」

父母：「我相信你們可以一直是好朋友，星期六日你們可以相約一齊玩、一起溫習。」（鼓勵和建議）

失去好朋友，對青少年來說打擊很大，父母切勿掉以輕心，「如何能與好朋友永遠在一起」是他們最渴望的，父母留意到子女這個需要，會使他們感到安心。要是聽到子女說沮喪話，家長一定非常擔憂，但緊記以平靜和關心的態度應對，便可紓解他們的情緒，子女能經歷到父母的明白和陪伴。

處境：表達對父母不滿

父：「你剛才向媽媽說惱她，你媽媽好傷心，在大哭啦！這種說話你怎出口？現在弄哭媽媽，你安樂嗎？以後不准這樣說話！立即向媽媽道歉！」

當子女說不喜歡自己，通常是指父母的一些行為，而不是父母本身。只要我們常常提醒自己，父母一定是子女最重要的人，當子女說這種話時，我們心情也會很激動或感到委屈，但必須了解發生了什麼事，不要只認為子女針對自己。

拆解

母：（一頭霧水）「你剛才說惱我，我看你這個樣子憤恨得很，可否說你在惱什麼？」（了解具體問題）

子：「你剛才責罵我，又說是說笑！誰要和你說笑呀！」

母：（要那麼兇嗎？……忍忍忍）「你不喜歡媽媽罵完你又不承認，覺得好勞氣。」（同理心）

子：「係！」

母：「不好意思……你覺得我哪句使你受不了？」（了解具體問題）

子：「你說我書包亂，又說垃圾筒都比我的書包乾淨，你那麼快忘了嗎？」

母：（說事實吧，這就是罵？忍呀……）「你惱我說你的書包。」（同理心）

子：「係！個書包是我的，執拾與否與你何干！」

母：（嘩，這句好過分！我知道他並非針對我，先忍後教，忍他這一次……)「這當然應該由你決定。你遺失了工作紙，我替你找了很久，所以想建議你執拾書包，好讓你以後容易找到東西，不是要批評取笑你。」（我的訊息）

父母首先諒解強烈的情緒表達是青少年階段的普遍性情，這是他們荷爾蒙變化產生的力量。這個階段，他們學習發展獨立自主，很在意「這是我管理的範圍」，容易把父母的建議解讀為侵入私人管轄範圍，進行反抗。通常，子女的情緒強烈而且很難排遣，但激動過後又會非常懊悔，會想辦法補償。因此，很多時父母發現子女在發脾氣後會軟化，甚至對父母依偎親暱，因為他們明白父母難受，的確令父母啼笑皆非。當然，父母會擔心如果不阻止子女，將來他們變本加厲，不懂尊重父母。請相信你們並非獨個兒承受，也不是你們做錯了什麼，基本上每個青少年父母都會與你們身同感受。

因此，如果子女的情緒只是偶爾激動一下，是他們難於疏導負面情緒，父母的體諒，他們一定會感激；他們也可以漸漸明白父母的心意，並非要監管他們，這樣會減輕他們的反抗情緒。不過，如果子女經常情緒激動，動輒便十分火爆，父母便要留意會否不尋常，需要尋求專業的意見。

面對子女激烈的言語，父母可儘量開解自己：「子女只是想要自主空間，不是針對我的。」「這代表他是青少年啊！他成長得很正常啊！」父母也可讓子女明白，你尊重他們的自主空間，先讓他們安心，然後才告訴他們你關注的問題。父母也要找朋友盡訴心中情，替自己消消氣。爸爸媽媽請相信，你們的忍耐不是徒然的，你們愈能接納子女的負面情緒，子女自我排遣負面情緒的能力便愈高，出現激烈情緒的情況便會減少，安樂日子是指日可待的。

包容、接納和信任，從來不容易。當子女能坦誠向父母表達不滿時，其實是最信任父母的時候。能夠將藏在最心底的話告訴父母，又能被父母包容接納，就是親子間親密關係的體現。

“接納負面感受，堅持信任。

表 1 總結四則溝通規則

溝通規則	內容	傳遞訊息
第一則：每人應有均等說話的空間	1. 減少重複的話； 2. 減少追問。	家庭成員有平等的表達空間。
第二則：多求證、多澄清	1. 減少猜測子女的意思； 2. 不揣測對方的動機； 3. 勿以偏蓋全。	接納家庭成員之間的想法可以有差異。
第三則：表裏一致的溝通	1. 切勿要求子女猜想自己的想法； 2. 勿用開玩笑或弦外之音的說話； 3. 減少與子女爭辯； 4. 勿用模稜兩可的說話； 5. 避免討好子女； 6. 勿將子女的選擇與自己掛鈎。	溝通可以開放和直接。
第四則：容許表達負面感受	1. 表達負面情緒； 2. 表達對父母的不滿。	接納每個人真實的面貌。

給父母的心法

親子溝通目的

與子女溝通，有三個目的：

- 透過同理心、探索和澄清，了解子女的想法和情緒，**幫助子女心靈健康成長**；加上讚賞、肯定、鼓勵和接納子女的特性，**有助子女確立自我價值**。
- 透過表裏一致的表達，**讓子女清晰明白父母的期望**，並透過商討達到共識，達到有效管教；
- 透過溝通彼此連結，以愛相繫，**享受親密關係**。

要達到以上目的，父母要創造良好溝通的環境，包括平等開放的討論空間、接納異見、表裏一致和接納情感的表達。本章所討論的家庭溝通規則，希望協助父母透過一些恆常的操練，建立家庭的溝通文化，對子女起潛移默化的作用。

切記不用要求自己做完美的父母，這會令自己太緊張，反而弄巧成拙。放過自己，安慰自己說：「不要緊，溝通不是一次成定局的，還有很多機會。」

你可能發現為何以上例子都是針對父母，難道青少年不需要學規則嗎？非也。但青少年父母一定明白，如果只有言教，青少年一定會在身教那部分挑戰父母。所以當父母能言行一致，子女不但會心服口服，還會在耳濡目染下，採用相同的方式與你對話。

“溝通原是為了建立親密關係。

給父母打打氣

溝通的一大困難是，每個人所慣常使用的說話方式大部分都是不自覺的，既不自知，又從何改善？即使察覺到自己溝通的盲點，立志改善，卻發現只在不斷重蹈覆轍。如《聖經》所說：「……行善的意願在我裏面，卻行不出來。」（〈羅馬書〉7：18下，中文標準譯本）

我們的溝通方式，很大程度受到成長經驗影響。年幼時的經歷，或是一些突發事件對情緒的影響，往往是記憶在非言語的系統裏，成為潛意識的一部分，日後遇到類似的情況，便會不自覺地發揮作用。因此，很多時擔心、對負面情緒的恐懼和不一致的表達可能來自父母個人的成長經歷，而非單純由子女行為引發。如想了解個人成長對溝通方式的影響，可參考第十章。

本章金句

溝通會受到不自覺的情緒影響。

練習

練習一：回想過去一星期與子女的對話

- 如果以 10 分為準，你與子女說話的比例是多少？（例如 3：7）

- 你會否容易重複自己的說話？你覺得原因為何？試感受一下自己的情緒。

- 你會否容易追問子女？你覺得原因為何？試感受一下自己的情緒。

- 找配偶或朋友分享自己的發現，傾訴你的感受。如果希望改善情況，可以告訴這個朋友你的目標和試行時段，並請他定期守望你、鼓勵你。

練習二：記錄一次與子女談話

如果當時子女不願繼續對話，試回想大家說了什麼呢？

父母：__________

子女：__________

父母：__________

子女：__________

父母：__________

子女：__________

父母：__________

子女：__________

父母：__________

子女：__________

（對話中止）

檢視對話內有出現本章所提及的溝通問題嗎？溝通規則可否給你一些提醒？試試運用本章的技巧，改善說話方式。無論結果如何，記得給自己一個 like，欣賞自己為子女的付出。如果茫無頭緒，可以找信任的朋友分享討論，通常旁觀者清，可以給你一些不同的角度。

第十章

父母也成長

目標：

父母了解為何不能實踐溝通技巧。

技巧：

父母反思成長經驗和面對的壓力，
善待自己，再一次成長。

引言

讀到這裏，相信父母都會有疑問：

「你所講的我全都知道，就是做不到！」

「我知道生氣的時候要離開現場，但就是想繼續罵他！」

「我罵完她之後，心裏好內疚，但當時真的忍不到！」

幾乎所有青少年家長講座之後，參加者都表達相同的困難。如果你已很努力去實踐書上所說，卻遇到以上情況，一定深受打擊。

很多父母讀了親子書、聽了講座後，常有一個誤解，以為要自己「不生氣」、「不擔心」……才做到同理心、讚賞等等，這真是一大誤會，我們都不是聖人，怎可能沒有情緒？如果我們不接納自己的情緒，卻要用同理心去接納子女的情緒，這是不合理的。

那麼，為什麼有時父母學了很多溝通方法卻難以實踐呢？這是與父母自己的情緒狀態、背後的信念和期望有關。

這些情緒狀態有時是自己不察覺的，例如有時父母會說：「我不是『嬲』，只是同你講道理！」但旁人已嗅到濃濃的火藥味，只因父母不察覺自己已憤怒得把聲調提高，圓睜杏眼，表情繃緊；有些時候，即使父母察覺到自己的情緒，卻未能分辨這些情緒從何而來，以致無從控制。

父母對子女普遍有幾種長駐的情緒：憤怒、委屈、擔心和內疚等等。很多時候，這些情緒是與子女互動產生的；但若家長發現自己情緒反應太大，又難以受控，可能受到更深遠的因素影響。這章會討論三個重要因素：

- 父母在原生家庭的成長經驗
- 周遭的壓力
- 社會性焦慮

一．父母在原生家庭的成長經驗

原生家庭是指我們從小長大的家庭。父母童年的成長經驗，對日後當父母時與子女的相處有莫大影響。

> 麗彤的童年歲月是在父母的打罵中渡過，並不快樂，她決定長大以後要當個好母親，不會重蹈父母的覆轍。於是在生了孩子後，積極參加大大小小的親子講座。
>
> 她會常常讚賞兒子子晴，在他不開心時會運用同理心，又用心教導他，付出不少心血。可是子晴卻常與麗彤糾纏，叫他向東他偏向西，行為又反復無常，一時與麗彤頂嘴，一時又要黏着麗彤，麗彤摸不着頭腦。一天，子晴與麗彤爭執，向她咆哮：「你不是一個好媽媽！你無資格教我！」麗彤驚覺自己一直苦心經營的「好母親形象」終告失敗，感到晴天霹靂，情緒崩潰。
>
> 來到輔導室，輔導員陪伴麗彤走過一段療傷之路，幫助她的情

緒漸漸穩定下來。麗彤定過神後，與子晴面談，不料子晴所講的是另一個故事。

子晴表示，有時他不開心，麗彤的確會聽他訴苦，但他感到媽媽很虛假，不可信。細問之下，原來麗彤對他日常生活細節非常挑剔，嚴格得令他恐懼，每次她覺得子晴遺漏了什麼沒做，麗彤便很生氣地斥責他。此外，麗彤的確常在人前稱讚他，但在人後卻不斷指責他。這些表現，令他覺得麗彤是雙面人，不知哪句是真。他面對母親，沒有安全感。但最令子晴傷心的是，他很努力滿足母親的期望，希望得到母親的讚賞，可是母親總是看不到，只不停地糾正他的行為。於是子晴常與母親爭論，母子關係漸趨惡劣。麗彤不想重複上一輩打罵子女的做法，無奈一腔怒氣無處宣洩，於是不自覺地常向子晴「單單打打」，子晴非常痛恨這些「單打」，但麗彤認為自己只是開玩笑，是子晴太小器。久而久之，子晴滿腔怨憤終於爆發。

麗彤的故事令人唏嘘，她多麼努力要做個好母親，可是與兒子的相處上似乎有很多盲點，例如沒有察覺她對子晴的挑剔和憤怒的情緒，令她難以理解教養上出了什麼問題，結果講座學來的技巧只徒具形式，對親子溝通未能發揮作用。輔導員與麗彤探討她在原生家庭的成長，不難發現，她的管教方式很大程度上受自身成長經驗所影響。

向子女投射童年糾結

一個人若有不良的童年經驗，可能會不自覺形成一些信念，然後採取方式避免這些不良經驗再發生。

例如，為什麼子晴的生活細節會令麗彤這麼生氣？原來在麗彤的成長經驗中，父母都是很急躁的人，經常不問因由便責打麗彤，帶給她的是充滿焦慮和苦楚的童年。因此麗彤不知不覺懷着一個信念，就是如果生活細節做得不好，必定會受罰。當麗彤看到子晴的「不理想行為」時，她向兒子投射了童年沒有得到好好照顧的遺憾和傷悲。麗彤質疑自己：「我是否不懂教呢？是否我照顧他不夠好呢？我是否做得不足，未能好好幫助他呢？」心中充滿自責和歉疚，她非常擔心子晴將來會吃盡苦頭，驅使每次見到子晴表現未如理想時，便氣急敗壞地指正他。

可見麗彤採取了指責的方式避免童年的傷痛經驗重演，結果卻事與願違。事實上任何方式都必須因時制宜，才能適切地回應當時環境、人物和事件，若只是習以為常地採用，便容易弄巧反拙。

除了「指責」，還有其他的溝通方式，可參考第八和九章。

重複童年熟悉的管教方法

童年所經歷的管教方法，往往是我們最熟悉的管教方法。**如果曾經歷帶來的成長經驗，往往驅使人走向兩極，要不重複了相同的管教方法，要不走向相反的管教方法**。例如有不少虐打子女的父母，在成長期都經歷過虐打；但另一方面，也有很多父母決定不會責打子女，卻採取溺愛放任的方式。

當麗彤把自己童年的恐懼和兒子的「手尾問題」混而為一時，便一直批評子晴，生子晴的氣，卻沒有留意是自己學習了父母的「雞蛋裏挑骨頭」態度——這是她最熟悉的管教方法。在麗彤的成長中，她沒有經歷過父母的讚賞、溫柔的提醒，也沒有經歷過犯錯被包容；未嘗被愛傾注過的生命是乾涸的，使出來的技巧也只是有形無神。

如何改變受個人成長影響的溝通方式？

讀到這裏，可能很多父母會感到擔心，個人成長對自己管教子女的影響是那麼深遠卻又不由自主。可幸的是，我們還是有辦法修正的。

1. 反思成長經驗

- 父母可以透過反思自己童年所經歷的管教經驗，察覺這些經驗對自己的影響。你可以透過本章的練習分析這些經歷。
- 坊間也有不少家長教育的課程，協助家長反思原生家庭對個人成長或管教模式的影響，在這些課程可以結識其他家長，彼此慰藉、結伴同行，也是樂事。

回想成長的經驗，很容易觸及過往的傷痛，對很多人來說都是不容易的。然而，**進到人生的傷心處卻又是被療癒的時候，在那裏經歷被關注、被諒解、被安慰，發現自己的價值，又是人生最滿足的時候。**

2. 再一次成長

每個人的成長，都是曾經歷愛、被關注、被善待的滋養，漸漸成為心靈健康的人。若然自身的成長已營養不良，試問如何可供給子女？因此，父母多些照顧和體貼自己，有助補充成長的缺乏。

善待自己：以同理心看待自己：父母普遍認為子女的過失都是自己的錯，可能是管教出了問題，可能是疏忽……等等，容易陷入自責的焦慮。故此，父母以同理心待自己，當有做得不好的地方，可安慰自己說：「不要緊，我都不過是人，有時都會留意不到。我已經盡力去照顧子女。」**能對自己寬容一點，自然會善待子女多一點**。

多欣賞自己：正如每個子女都是獨特的，每個父母也是獨特的。你的子女最喜歡你什麼特質和專長？有些媽媽很喜歡手作，但會認為這沒有什麼大不了，未能欣賞自己。然而，手作充滿創作的樂趣，也是子女感到最容易親近父母的方式。能欣賞自己，才能欣賞子女。

父母也可以欣賞自己每一天的進步。有時可以去學一些新事物，有時是令家人更快樂，有時是十次裏有兩次努力控制自己的情緒……夜闌人靜時，**我們都可以回想一下這些付出、用心和進步，給自己更多肯定**。

留空間給自己：做自己喜歡的事，將專注力從子女身上移開，如約會朋友、做運動、義工服務等等。很多父母發現，當擁有這些專屬自己的空間時，你對子女變得寬容很多。

3. 正面經驗的回憶

多回憶在成長中有沒有一些長輩，曾給自己關懷、呵護和包容，努力記下那份感覺。你如何接收這些感覺呢？他們對你說什麼呢？細味被愛的感覺，才懂如何愛人。

有時你可能會感到難以開解自己，難以善待和欣賞自己，那麼你也可找信任的朋友，向他們傾訴與子女相處的困難，請他們在需要傾訴時，能告訴你：「不要緊，你不過是人，你都不想這樣。」「你已經好愛護子女，你已經盡力照顧他們。」**從這些朋友的支持中，經驗到關懷、呵護和包容**。告訴你的朋友，可能你要重複很多次，也需要聽到他們很多次的重複安慰。安慰的說話，就像源源不絕的養分，滋養着心靈那株幼苗的成長，最終定能開花結果。

如果你仍對與子女溝通感到困難，或是難以控制自己某些溝通行為，可以嘗試心理輔導的協助。輔導員會幫助父母檢視和分辨哪些是自己成長經驗的投射，哪些是子女的實際情況，並協助父母建立新的溝通模式。

“父母經歷的管教方式影響對子女的管教，
請回想你曾經歷怎樣的管教方式。

二・周遭的壓力

很多父母在管教子女的事情上，受到配偶的問責、親戚的干涉、友儕的比較等，令他們倍感壓力，不由自主。

1. 家庭之內的壓力

可能受傳統「男主外、女主內」的思想影響，當子女表現不理想時，爸爸會對媽媽興師問罪，令媽媽感到精神緊張，只好急躁地要求子女立即聽話，結果拉牛上樹，不得要領。很多媽媽因此對爸爸生氣，可是大吵大鬧多次，仍得不到爸爸支持，不少媽媽感到十分孤單、無助。

對此，媽媽可嘗試如此理解：很多爸爸本身對子女的行為問題都同樣束手無策，與子女相處並沒有信心，因此會向媽媽下命令、提建議，然後袖手旁觀。細心一想，很多爸爸都是愛媽媽、愛家庭和盡責的人，只是傳統上社會對男士的要求是要「有能力」、「擔起頭家」，難以接受他們有「不懂」的時候。男性的自尊心使他們難以接受自己的軟弱，因此才會把問題推給媽媽。

所以媽媽遇到爸爸說「你怎教子女？」的時候，可以這樣安撫自己：「丈夫只是不知所措，並不是那麼強橫，我可以鎮定些，不必急於討好他。」然後氣定神閒地回應：「教子是我們夫婦倆的事！我們商量如何處理吧！」**最重要的是，媽媽對管教是父母兩人共同的事的信念要堅定，便不會自亂陣腳**。

當然，以上所提父母的角色可以對調。只是香港華人社會仍是中西文化交替之間，父母的角色仍較傳統。此外，如果父母發現自己對配偶已一肚子怨氣，做不到平心靜氣回應，甚至一對話不是互斥駁火、便是連場冷戰，又或長時間意見分歧，無法協調，便應考慮尋求專業協助，改善夫妻溝通，以免管教失效，甚至影響婚姻關係。

2. 家庭以外的壓力

此外，不少家庭的長輩和親戚也會對父母的管教説三道四，或是把不同親戚的子女作比較，成為父母的一大壓力來源。不少父母參加親戚飯局後，受盡委屈，回到家裏便針對子女的情況訓斥一頓，哪有空想什麼同理心？

的確，在這些場合有時子女的表現會很不成熟，給人評頭品足一番，父母又會回到「是我管教得不好」的困擾去了。父母只是為子女的成長提供所需養分，並給予適當的保護。**子女不是父母管教的成績表，他們是獨立的個體，有獨特的個性，有自己發展的節奏，這些都不是、也不應受父母控制的。**

當我們能尊重子女的個性和成長速度時，也更能抵擋「比較」對子女帶來的傷害。

“請父母堅持為子女遮風擋雨。

三・社會性焦慮

父母關心子女將來是否能過得幸福快樂，這本是天職使然，也是愛的表現。因此，父母總會想盡辦法，寧願省吃儉用，也要給子女最好的。

什麼是「給子女最好」的呢？從與父母的日常交談可發現，他們關注的是衣食無缺、身體健康、學習資源和發展活動。有趣的是，今天食物不只是供給身體成長和健康，例如奶粉廣告強調「給予腦部所需的營養」，為的是讓子女更有智力去學習。而學習資源也不是純粹學習，更要考慮「證書」的作用。這些強調教育和學習的重要性，常常是家長間的日常討論。

現代父母的想法中，「給子女最好」往往指向幫助子女將來自養自立，生活美好。很多父母對子女將來的期望，也不是飛黃騰達，甚至不期望他們有能力供養父母，而是養得起自己。

這些想法普遍，反映很多香港父母對未來的憂慮，難以看透將來，感到生活難有保障。無怪乎在親子溝通時，父母往往會不禁道出心裏的憂慮：「你第時點搵食？」

不知大家有沒有發覺，本書列舉的日常生活真實情況，無論與子女溝通的是什麼內容，父母心底的終極焦慮似乎大同小異，就是擔心子女將來的生計。請看看下圖：

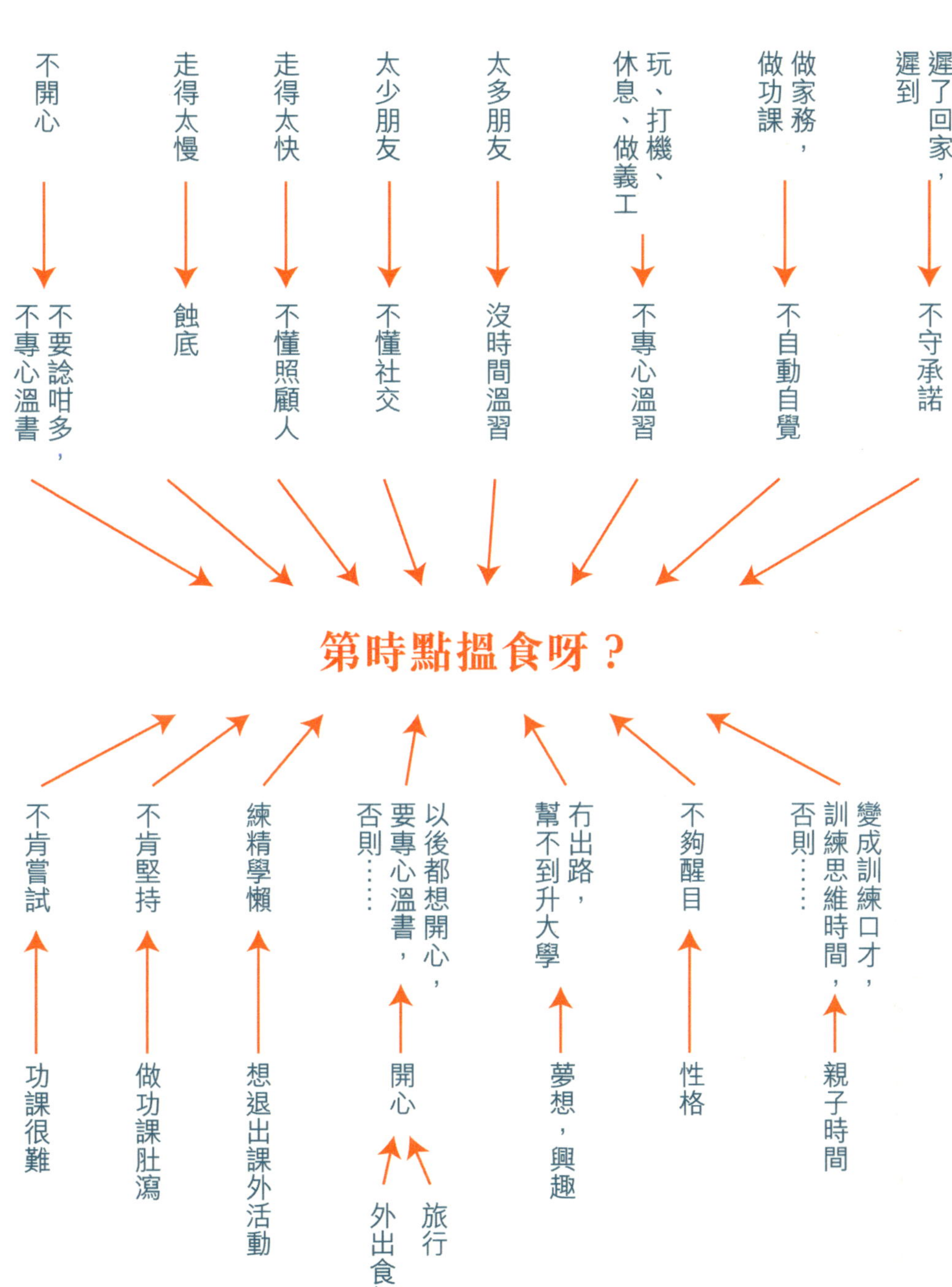
遲了回家，遲到
不守承諾
做家務，做功課
不自動自覺
玩、打機、休息、做義工
不專心溫習
太多朋友
沒時間溫習
太少朋友
不懂社交
走得太快
不懂照顧人
走得太慢
蝕底
不開心
不要諗咁多，不專心溫書
第時點搵食呀？
親子時間
變成訓練口才，訓練思維時間，否則……
性格
不夠醒目
夢想，興趣
冇出路，幫不到升大學
旅行
外出食飯
開心
以後都想開心，要專心溫書，否則……
想退出課外活動
練精學懶
做功課肚瀉
不肯堅持
功課很難
不肯嘗試

過度的關注會產生焦慮，令父母對子女的行為反應過敏，帶來親子間的衝突。很多時父母與青少年子女關係的掙扎，**主要是父母在平衡教育壓力、對子女將來的期望和心理成長方面的掙扎**：

一位媽媽的心聲：「我明白子女的路是他們自己的，必須尊重子女的特性、成長步伐和夢想，可是實際生活又是另一回事。我認同『從錯誤中學習』，放手讓女兒自行安排溫習，可是每到家長日，聽到老師投訴女兒『有進步空間，你要督促一下了……』總會有些動搖，想想是否要嚴厲看管，怕她會跟不上。唉，雖然說路是子女自己的，但哪個父母接受子女升不到大學？在這競爭風氣下，我們沒有其他選擇。」

一位爸爸的心聲：「多年來我也堅持讓兒子有多元發展。兒子沉醉於魔術，但面對激烈的大學入學競爭，忍不住勸他選取一些有助被取錄的活動。魔術，入了大學才玩也不遲，這個建議兒子不太高興，說我一時一樣，其實我也不想。但 DSE 很可怕，現時中學的功課量、補習量多得驚人，兒子連睡眠時間也不夠，何況是休閒時間。要他不玩魔術，是希望他更好運用時間，但對他來說就是連僅有的娛樂也要放棄。我明白這情況根本不合情理，在教養上也自相矛盾，可是我們做家長的沒有選擇。」

一名子女的心聲：「我的小學和中學時期學習都有困難，一直無法跟上進度，只能靠死記硬背，默書測驗常常不及格。可是老師也幫不到我，只是認為，肯努力總不成不及格，要我留堂重測重默，直至及格。媽媽曾向班主任反映，可是學校沒有聽她的意見。媽媽認為這既是教育的要求，沒辦法，當是磨練我的意志。結果我一直未能及格，無計可施之下，唯有長期作弊。我感到很大壓力、很憤怒，為何要這樣逼我？」

精神健康與學業期望

近年針對青少年的精神健康調查發現，因着學業的壓力，**青少年的焦慮指數一直偏高，他們尋求精神科治療的數字也持續上升。這結果反映他們對「未來」的焦慮已出現失衡，很多父母面對着社會的大氣候，感受到很大壓力**。

寫這本書的一年內，就是新學年的九月至今，有 20 多名大、中、小學生自殺身亡。自殺的原因複雜繁多，家庭背景、身心病患、學業壓力、個人性情、模仿效應等等不能一概而論，然而，當自殺事件在短時間內大量發生，便要思考這是怎樣的社會性現象。事實上，從多年來的調查數據可見，社會性焦慮持續攀升，學業為家長和學生帶來的壓力愈來愈沉重。

選擇自殺的人認為走投無路。面對現時的競爭風氣和教育制度，這種沒有出路的感覺，宛如香港家長和學生的寫照。

沒有出路是什麼意思？可以解讀為「不能選擇、不達期望」。學業表現一旦不達期望（不論是自訂或是別人的期望），便意味着自己是失敗者，令人失望。在他們的認知裏，只有學業成績提升才是解決方法，他們不能選擇「放下」、容許有得有失的人生，不能選擇有些時候，退路也是出路。另外，有很多子女知道父母為他們付出很多心血和金錢，不達期望產生對父母極大的罪疚感。亦有不少子女被要求要完美，或被教導在人前要有好表現，而「不夠好」、「不夠叻」是不能接受的，這也令他們沒有退路。

父母在子女的學習路上，有否因應子女的情況給予不同的選擇和目標，例如：

1. 接納有得亦有失

今天父母擔心子女未盡全力或缺乏毅力，於是較常說：「你不可以放棄，以你的能力一定可以做到。」父母無法接受每個人的學習興趣和能力是有差異的，無法接納子女跟不上。**如果父母能表達「有時會失手，不用氣餒。如果你想，我們可以商量怎樣改善。」這樣，子女可以接納自己失敗，也相信自己有能力改善。**有些青少年對自己要求高，自動自覺，父母以為不用操心，結果忽視了他們的壓力。事實上，他們更需要父母引導，學習進退有度。

2. 目標不只一個

今天，不少學生為默書拿了 98 分、考了第二名而痛哭。我體會作為父母，看見子女 100 分那種滿足感，感受到差一點便是第一名的可惜。然而不妨停下來想想，這樣會向子女傳遞「他們的表現必須是完美無瑕」的信息。98 分和 100 分的差別對人生來說沒有實際的意義，但對子女來說，均是付出了很多才有的成果，應該得到肯定，這樣他們學習才有滿足感。而對成績稍遜的子女，更應訂立合乎他們能力的目標，才能增加子女對自身學習的成功感。值得一提的是考取心儀學校、應考公開試時，父母會否傳遞了「考不到，人生便玩完」的信息？**人生的路不只一條，父母可多讀不同生命的故事，發掘在不同**

學校學習、不同人生經歷的好處。

3. 解決方法不只一個

今天的教育制度常給父母一個難題，便是在解決方案上沒有「彈性」(flexibility)。例如學校給予過多功課，父母若勉強子女完成，往往犧牲了親子關係和子女的身心健康；但不完成功課卻是公然觸犯校規。不少父母擔心今天容許子女不完成功課，他朝子女工作時稍有不滿即公然挑戰上司，那還得了？我們欣賞父母希望教好子女的苦心，品德教育亦是子女成長重要的學習。人生充滿道德和現實的掙扎，而我們的解決方法往往也要即因時制宜，第二章便是說明這個道理。**父母若在處事上能有這種柔韌彈性，便可培養子女學習多向度解決問題。**

“家長有否察覺你的焦慮來自社會壓力？

四．家長怎麼辦？

很多父母都希望平衡社會壓力對子女的影響，只是面對社會洪流，能做的很少，很多時都身不由己。父母可參考以下建議，嘗試為子女尋找一些可行的方法：

尋找同路人

1. 互相借力

多年前，一位朋友致電給我，談到兒子考入兩間學校，一間是首屈一指的名校，對學生的學業較為催谷；另一間是地區中的好學校，教學方式較為輕鬆，可是名氣不及前者。她問我意見，應該為兒子選哪間學校。

我對她說：「我不會選擇前者，因為與自己的教育理念不符。可是做這個選擇要付上不少代價，也要面對很多困難。因此，我不能給你建議，因為我不能代替你面對這些困難。你還是多聽幾個人的意見吧！」

她的回應實在令我意外。她說：「我不要聽其他人的意見，我只想聽你怎樣說。」

原來這位朋友得到我的支持，讓她能為兒子選一條不同的路。我很感激她的信任，也佩服她的勇氣。我相信今天的父母在這些兩難的局面中都需要「借力」，尋找同路人的支持。**父母不要單打獨鬥，透過互相分擔、互相出謀獻策才能熬過重重的壓力。**

2. 互相分擔

我們從很多輔導個案中觀察到，父母身邊沒有什麼朋友，在困難時孤苦無依。在子女幼年時，父母都把注意力放在子女身上，忽略了社交生活，只與子女同學的家長建立友誼，談的多是子女的事情；但當子女升上中學後，家長們沒有共同關注，慢慢失去了聯繫的動力。**因此，父母不能只關注子女的事情，而忽略了自己的生活。尤其是今天社區的互助力量還是很薄弱時，父母自己的社交羣體便是重要的支援網絡。**

青少年父母人到中年，開始注重養生，戶外活動、運動可持續很長時間。都市生活壓力沉重，透過上述活動維繫友誼，應能互相分擔生活的重擔。

3. 共同學習

除了休閒外，也應考慮一些帶來新思維的活動。電影會、讀書會等，都是能帶來新思維的活動，這些活動既有樂趣，又能拓闊視野，幫助我們跳出框框，從不同的角度反思生活的可能性。

面對激烈競爭的焦慮，近年出現自發的家長羣體透過共同學習，反思學業競爭對社會發展的影響，引入不少新思維。例如，他們認識別的國家的教育模式以作借鑑，也有不少人探討生命價值的課題。例如，基督教信仰相信生命由上帝所賜，每個生命在上帝眼中都是獨特而尊貴的。上帝為信徒設下不同的人生使命，並呼召他們去實踐。那麼，**基督徒父母的着眼點便不會是「搵食」問題，而是認識上帝給子女的使命，並協助他實踐。**只有以上帝的眼光看世界，才會找到生命的出路，不會被世俗的價值觀所綑綁，在焦慮和無力感中苦苦掙扎。

主流中的另類嘗試

1. 容許子女有另類嘗試

很多父母也明白，如果大家一窩蜂選擇熱門出路，結果僧多粥少，大家都沒有優勢，子女選擇出路的情況也差不多。**因此，在主流學習以外，也可以鼓勵子女發展另類興趣。**一來這些自主的興趣是子女學習動力的來源，也可能成為將來生活的樂趣；二來另類選擇現時看來另類，説不定將來大有作為。

記得當年我畢業後去了兩個月旅行，認識了一位中年英國男士，我問他是不是國家已保障了他的退休生活，他説沒有，他需要為晚年積蓄，待旅遊兩年後便回去工作。我真是大開眼界！在我們那個年代看似不可思議的事，現已大行其道。甚至有工作假期的政策鼓勵青年人停工一年去旅行見識。

2. 父母的慢活人生

香港生活節奏急促，鞭策着父母和子女急步追趕，但溝通卻需要耐性、細心和很多時間。讀過一篇文章，講述台灣一羣中年人組織到台南「蝸行」，讓旅行能像蝸牛一樣慢慢走，欣賞美麗的大自然景色。它還是一個慈善活動，每走一段路就會捐出一定金額給慈善團體，令所走的每一步路，都能有回饋社會的快樂。這種慢活能讓人節奏放緩，細嚼生活的味道，能對人際相處起潛移默化的作用。

關懷和服侍

正如本書一直強調，能使人生快樂滿足的重要來源是關係。穩固的關係網絡帶來強大的心靈支援，透過關懷、分享和服侍，我們能感受到與他人彼此連結，能感受到人間有情。關懷是付出而不求回報，能為社會人倫關係帶來平衡。**因此，讓子女體會人生能透過關懷和服侍他人而得到滿足快樂，是重要的人生經驗。**

以下是一些可行的關懷行動：

- 與子女一同參與義工服務，關懷社會上有需要的人，或者參與社區內的互助、分享行動，也是很好的連結。
- 以身作則，每星期抽 15 至 30 分鐘，打電話或 WhatsApp 給一些有需要的親友。萬事起頭難，但筆者實行時卻發現原來比想像中容易，例如乘車時不打機而打電話或 WhatsApp，半小時已可以聯絡數人！談什麼內容不要緊，重要的是以聯絡表達關懷。然後把親友的近況告訴子女，或請他們代禱。子女未必即時有什麼回應，但會感受到父母懷的緊密和溫情。
- 一家人每一至兩星期光顧一次社會企業。社會企業是幫助競爭力較低的人賺取收入，本身是一個關懷的項目。

在此，希望提醒父母，在鼓勵子女關懷他人的時候，不用教訓道：「你睇人地這麼窮，你要好好讀書，日後不要變成這樣呀！」一來把活動變成教訓，子女會感到厭煩；二來透過關懷他人，認識社會和人生的複雜性，子女從中了解世事不是非黑即白，學會更能體諒別人，對生命也有更深度的體會。

“面對社會性焦慮，家長切勿單打獨鬥。

家長一起成長

隨着香港社會的發展，青少年父母普遍都是成長於物質和情感缺乏的時代，然而在發展上有較大的自主性；現今的青少年則是成長在父母（甚至家族）高度的關注下，生活的供應充足，卻缺乏自主空間，因此近年出現「港孩」一詞。這種鐘擺現象，一方面也許是父母成長匱乏的補償，另一方面社會風氣亦加劇了焦慮感，倍添現今親子相處的壓力。

從正面去看，青少年子女給父母出的難題，是驅使父母再次成長的動力。很多父母認為只有自己才遇上管教子女的難題，然而如果你有機會聽其他家長的心聲，必會發現家家有本難唸的經。每個人都一定有盲點，透過別人的回饋較容易做自我省察；另一方面，被聆聽、被諒解和被愛的經驗也是難以自給自足的。因此，與信任的人聚在一起，彼此分擔，彼此互勉，透過羣體生活的互相施予來成長。

有一本名為《愛蜜莉》的繪本（很多繪本也很適合成人看），講述一個家庭搬到新社區居住，鄰居來了兩位中年姊妹，姊姊愛蜜莉已足不出戶廿多年。一天，愛蜜莉邀請新鄰居媽媽到她家裏為她彈奏樂曲，媽媽帶了女兒一起去。小女孩送給愛蜜莉一些百合球莖，這位十九世紀美國著名女詩人愛蜜莉·狄金生則為她寫了一首詩：

一個人在地上找不到天堂
到天上去找也是白忙
因為天使就住在我們的隔壁
不論我們走到何方

在輔導室常目睹困苦無依的人，遇到上帝明明地給他們送禮物，有時甚至像從天上掉下來的，雖然他們的艱苦路程還漫長，但這些禮物就像上帝對他們説：「我看顧着你的。」上帝也必定差派天使守護我們。

本章金句

青少年子女給父母出的難題，
是驅使父母再次成長的動力。

練習

反思原生家庭的溝通模式

你會分別用以下哪個形容詞形容你的父母？

第一組

- 明白我的心聲。
- 常表達對我的支持。
- 常表達愛我。
- 會擁抱和親吻我。
- 耐心聽我的説話。
- 接納我的負面情緒，包括情緒低落或憤怒。

以上題目反思父母對你的情緒支援是否足夠。

第二組

- 清楚表達他們對我的要求和原因。
- 對我的要求合乎我的年紀所能做到的。
- 會耐心向我解釋道理。
- 當我未能達到他們的要求時，他們會聆聽我的解釋。
- 容許我表達自己的意見，有商有量。

以上是反思父母如何表達對你的期望，以及如何解決跟你不同的意見。

第三組

- 常稱讚我的特質和專長。
- 肯定我的付出。
- 在我失意時鼓勵我。
- 諒解我的限制。
- 不會把我跟別人比較。
- 接納我跟他們的不同。

以上是反思父母會否表達對你讚賞和鼓勵，接納你是獨特的個體。

第四組

- 他們會抽時間陪伴我。
- 休閒時，他們會跟我玩樂。
- 即使有時因工作未能陪伴我，我感到他們將家庭放在重要的位置。
- 我感到他們喜歡跟我在一起。
- 他們會按我的年紀和我商量家庭的轉變和計劃。

以上是反思父母對陪伴家人的重視。

第五組

- 他們的情緒穩定，令我有安全感。
- 他們的言行一致，不會講一套做一套。
- 他們接納我對他們管教的意見，而且會改善。
- 與其他親友在一起時，他們會保護我。

以上是反思父母的情緒是否穩定，在管教上能否言行一致。

結語：看清楚，懂得愛

「我們並不顧念那些看得見的事物，而是顧念那些看不見的事物；因為看得見的事物是暫時的，看不見的事物是永遠的。」

《聖經．哥林多後書》4：18（新漢語譯本）

這句經文雖然不是應用於子女教養，但對於青少年父母有很大啟發。有些東西是看得見，有些東西雖看不見卻又非常珍貴。

今天的父母四面受敵，身上壓力千斤重，包括教育制度和學校的催逼，或家人和朋友的無形比較，或社會和經濟的狀況和前境，又或者孩子每況愈下的行為表現等，怎能不擔心、不着緊，天天寢食難安？

這些壓力往往都是看得見的東西，例如子女的學業成績、老師的評語和子女的表現等。父母就是每天都為子女的學校功課、回條、測驗，甚至打機、講粗口俗語或者交友戀愛的問題，大費周章，令親子關係時刻都處於緊張狀態。

看不到孩子另一面

可是，父母往往忽略了一些更重要、更長久的東西，都是看不見的。這裏要告訴你幾個真實故事。

一位家長有一個患有專注力不足及過度活躍（ADHD）的青少年孩子。母子在讀書溫習和打機問題上天天開戰。孩子變得愈來愈蠻不講理，總之想要的東西就立即要到手。在母親眼中，孩子漸漸變成一頭野獸。而母親也開始變得神經質。她感覺已經用盡所有方法幫助孩子，心裏真的很想放棄，由得他自生自滅。

有一天，孩子為了打機而不想溫習，再次跟母親爭論起來。當時，母親看見孩子瘋狂地高聲叫嚷，但已經累得身心俱疲，只有獨坐一旁。驟然間，她彷彿看到孩子的另一面，就是他內心的掙扎——一個患有 ADHD 的人無法克服學習困難。於是，母親走到孩子身旁，展開雙臂擁抱着孩子。這一刻，孩子好像被母親的舉動融化，漸漸冷靜下來，眼淚慢慢流下，哽咽啜泣。他們的心靈終於相連起來。

原來，當這位母親放下眼前的東西，竟然發現一些平日看不見的事物，就是孩子的掙扎。當她感覺到孩子的內心痛苦時，她可以重尋愛和憐憫。

一名青少年一直未能滿足學校的要求，時常被老師查找不足，寫手冊、罰留堂、記缺點等，孩子認為老師針對她，對學習失去動力。因此，她拒絕上學。無論父母如何勸她，她也不願再上學。最初，父母當然非常擔心憂慮。

之後家長接受輔導，開始明白強迫孩子上學也沒用。漸漸地，父母看到問題的重點根本不是上學，更不是成績，而是孩子缺乏接納。原來，孩子的內心非常脆弱，極需要父母的滋養和愛護。於是，父母再沒有強迫她上學，反而增加家人相聚機會。孩子雖然今天仍未上學，起碼父母看到孩子重展笑容。

很多孩子在教育制度下都變得很自卑。可是，父母有時未必看到這一面，只看到一連串要滿足的要求。上面提到的父母最終看到的，是孩子最需要被接納和陪同。

珍貴的素質

1464 年，著名的意大利雕刻家多納太羅（Donatello）簽了約要完成一座偉大的石像。於是他在阿爾卑斯山卡拉拉採石場找到一塊非常巨大的白色大理石，並開始刻出下肢、軀幹和衣着的大概形狀。但不知為何，他沒有繼續雕刻下去。1466 年多納泰羅去世，留下未完成的石塊。石頭一直被冷落。之後，有人將著名的達芬奇及其他有名的雕刻家帶到大石面前，可惜他們都對它沒有興趣，感覺不是雕刻的好材料。

30 多年後直至 1501 年，一位 26 歲的年輕雕刻家發現了它，就驚歎它的美麗，並且對它說：「我要將大石裏面的天使釋放出來。」於是他只花了四年時間，雕刻出一個藝術史上舉世聞名的偉大作品，名叫「大衞像」。而這位雕刻家就是大名鼎鼎的米高安哲奴（Michelangelo）。

這個故事說出一個寶貴的道理，只有米高安哲奴看見大理石的靈魂，看出它的潛質，而且把它的潛質發揮得淋漓盡致。今天，家長可以像米高安哲奴一樣看到孩子獨有的特質嗎？還是只看到表面是否達到主流標準呢？如果父母沒時間和精神在孩子身上「尋寶」，就一定會「走寶」。其實每個孩子裏面都有一個天使，有待別人讓她釋放出來。父母就是孩子最好的雕刻家。

看見與看不見其實關乎一個人的價值觀。我們看重眼前的事，還是長遠的事；看重個人成就，還是關係；看重前途，還是品德？如果父母為了社會、學校、工作和生活的要求和節奏等，做事只講求快，有問題就想立即解決，自然把孩子的問題也當成一件任務，只要儘快 get things done，忘記孩子不過是成長中的生命，他有很多地方要學習及改善，需要家長無條件的愛及接納，這些才是他健康成長的重要養分。

請家長不要灰心，倘若你今天開始「看見」，也不嫌遲。今天請你重新開始學習怎樣陪伴孩子走過崎嶇不平的青春期。只要你的態度轉變，給孩子有機會和空間思考和決定自己的未來，將來孩子一定變得優秀出色的。

我們在輔導室遇上無數家庭。有些孩子在童年時期情感上已經被忽略，只被要求追趕社會的節奏和要求。又有些父母在成長中受過不少傷痛，以致今天為人父母時，不知進退，迷茫疑惑。我們真的不希望這種情況出現。

等待的父母

有些家長常慨歎：「自從孩子進入青春期，我就有失戀的感覺。」又有家長會説：「我已經一直陪伴孩子在側，只是他嫌我嘮叨，不想我在身邊。」其實家長忽略了自己角色已轉變，更誤會了陪伴的意思。當孩子進入青少年期，父母陪伴的意思是等候，默默伴在孩子身邊等候他成長，或者隨時候命，有需要時就出手。

> 一天有個人走進一個大花園，在枝條上發現毛蟲的蛹。他看着有趣，便定睛留意蛹的動靜。不消一會，蛹開始在微微振動。原來有隻蝴蝶準備破蛹而出。他看到蝴蝶用微細幼小的足肢輕輕在蛹膜上劃破一個小洞，希望破洞而出。可是，這個洞實在太小。於是，這個人輕輕向蛹吹了幾口氣，希望幫蝴蝶一把。這時候，蝴蝶果然輕易地從蛹爬出來。接着，他看見面前是一隻全身濕透的蝴蝶，翅膀皺皺的。蝴蝶開始振動身軀，想把身軀弄乾。這個人看了良久，心裏開始焦急起來，心想：「為何這麼久，它會否死去呢？」於是，他再向蝴蝶的翅膀輕輕吹氣，希望幫它儘快弄乾身軀。不料，蝴蝶活動漸漸緩慢，最後動也不動，死了。

這個故事説明什麼？人的成長是上帝的恩典，也在祂永恆的計劃和節奏裏運轉。每個生命也有天賦的能力。有時，人根本沒法插手，或者過分插手反而幫倒忙。父母都一樣，可以做的，都只是默默等候，靜觀上帝在孩子身上的作為。

很多父母常對我説，面對孩子已經無能為力，苦無辦法，甚至心力交瘁。請你不要灰心。這時候，正是你學習等候的開始。等候是辛苦的。但請你仍然心存盼望，安心等候孩子學習掙扎，學習適應，學習飛翔。上帝必定工作。

請你對自己有信心，無人可以給你作為父母去打分。父母親職是沒有分數的，只有愛和孩子的回饋。他的回饋就是一生快快樂樂，健健康康。人一生只有一次青春期。他日，父母可以無悔地説：「我陪孩子共同走過這段青春期。」

伍詠光

2015 年 12 月